名师名校名校长

凝聚名师共识
回应名师关怀
打造名师品牌
培育名师群体

　　　　张明远题

高中语文
群文背景下的文本细读

陶兴国 / 著

陕西师范大学 出版总社　西安

图书代号 JY24N2264

图书在版编目（CIP）数据

高中语文群文背景下的文本细读 / 陶兴国著.

西安 ：陕西师范大学出版总社有限公司，2024. 11.

ISBN 978-7-5695-4885-3

Ⅰ. G633. 302

中国国家版本馆CIP数据核字第20248EG653号

高中语文群文背景下的文本细读
GAOZHONG YUWEN QUNWEN BEIJING XIA DE WENBEN XIDU

陶兴国 著

特约编辑	李卉丹	
责任编辑	赵南南 李广新	
责任校对	王 越	
封面设计	言之凿	
出版发行	陕西师范大学出版总社	
	（西安市长安南路199号 邮编 710062）	
网 址	http://www.snupg.com	
印 刷	北京政采印刷服务有限公司	
开 本	710 mm×1000 mm 1/16	
印 张	14.25	
字 数	223千	
版 次	2025年3月第1版	
印 次	2025年3月第1次印刷	
书 号	ISBN 978-7-5695-4885-3	
定 价	58.00元	

序　言

　　随着新课标、新教材、新高考在高中语文教学中落地，学生阅读能力的培养与提高显得尤为迫切，实用、有效、接地气、为学生终身发展奠基的阅读思想横空而出，为适应新教材任务群阅读设计而日益受到重视的群文阅读渐渐走入寻常课堂，大单元、大概念翩然而至。有的是以教材任务群为单元组织群文阅读，如统编必修上册第一单元，单元任务主题为"青春的价值"，选文共有五首诗、两篇小说，对于阅读中应培养的学生的核心素养界定得十分清楚，即以单元任务为群文阅读中心，以单元选文为凭借，组织群文阅读，因循向前。也有众多老师据自己所长或者是能力所及，进行小组合、小概念式的单元重组，以期每节课可以指导学生读几篇文章，完成一个明确的小任务。此种阅读方式亦有其优点：利于操作，便于实施，有看得见的收获。说到底，群文阅读就是要培养学生读书的习惯，种下爱阅读的种子，正如温儒敏先生所说："现在高中语文提倡'学习任务群'教学，希望以'学习任务'来整合单元教学，突破单篇阅读精讲细析的固定模式，让学生在自主的语文实践中学会学习，建构'语文核心素养'。某个单元或者某一课主要学会哪些基本知识和关键能力，有哪些'干货'，教师要做到心中有数，这有助于克服语文教学的随意性。采用这种形式也是为了减少灌输式讲解，多匀出时间让学生自主学习，带着问题学，拓展阅读面，扩大阅读量，这也有助于解决语文教学长期以来存在的'读书少'的问题。"

　　群文阅读确实有助于改善学生读书少的问题，它更接近于我们原生态的生活阅读。大多数人的阅读习惯可能是随意翻阅某一类文章、某一本书，在阅读众多文章的过程中若对某一类话题产生了兴趣，就专注于寻找、组织这类书籍进行深入阅读。虽然这种阅读具有一定的随意性，但生活阅读的本质其实也就是这样，除非是为了某一专门研究而开展的阅读。正是这种阅读给我们打下了很好的阅读基础，培养了我们的阅读能力，甚至更进一步提升了我们说话、写作的水平。群文阅读因其单位时间涉及的文章多而扩大了学生的阅读视野，增加了阅读量，在潜移默化中培养了学生的阅读习惯，使学生增长了知识，提升了阅读能力，这是符合人的阅读规律的。

但群文阅读（包括整本书阅读）在高中语文教学中想"生根发芽，开枝散叶，枝繁叶茂"，又实在有些难以落到实处，一是多篇文章组合在一起处理，对老师的教学能力要求太高，教学投入太大，高中老师普遍较繁忙，故而操作起来颇为不易；二是群文阅读篇目多，需要的阅读时间更多，而高中语文课时一般每周只有四至五节课，学生升学压力很大，课外阅读时间几近于无，所以阅读时间难以保证。另，"教""考"衔接愈来愈紧密，高考语文试卷甚至与统编教材内容直接挂钩，若不深入处理教材内容，很难达到教考和谐的目标。因而在群文阅读大受欢迎之时，很多大家又开始辩证地论述群文阅读与单篇教学的关系。顾之川先生说："'一课多篇'的设计，有助于消除过去一课一课精读细嚼的碎片化弊病，但教学中也要注意防止'雨过地皮干'式的'浅阅读'。该教师精讲的还是要讲，并且要讲透，但应研究哪些该讲，讲到什么程度，哪些不必讲。教师的讲只起点拨、启发和引导作用，重在举一反三，触类旁通，不能代替学生的自主略读或浏览。"

那么，在语文教学中怎样组织群文阅读？如何处理好群文阅读与单篇教学的关系？这是亟待解决的问题。作为驻守在讲台的一线教师，笔者同样面临这样的困惑与选择，是一如既往地坚持单篇教学，还是投入群文阅读的大潮中？是匆匆忙忙地进行大单元组合，还是在单篇细品中向大概念延伸？经过几年的思考与实践、探索与总结，笔者将一些自认为可行的做法诉诸文字，以期与语文同道共研、共勉。

本书分为五个部分：第一部分从群文阅读的角度，以大单元、大概念为主导，结合高中语文教学中的任务单元具体论述语文课堂教学中群文阅读的实践方式。第二、三、四部分，在群文阅读理念的主导下，以单篇课文的深度品析为核心，论述在大概念、综合性阅读情景中，我们如何引导学生对经典文章进行深度解读，以期弥补群文阅读对局部观照的不足，从而在提升学生思维的深度方面有所裨益。第五部分主要是以具体的群文阅读教学设计为例，说明我们应如何开展既有大格局，又有精微思辨深度的高中语文课堂教学，真正实现"教—学—评"一致的教育理念。

一、转变观念，落实群文阅读

根据时代发展的需要，新课程标准对学生的语文核心素养进行了明确的界定：语言建构与运用，思维发展与提升，审美鉴赏与创造，文化传承与理解。而这些素养的培养单靠小而精的单篇教学显然难以达到目标，因而任务群教学水到渠成地成了新教材编辑的主要理念，也是我们课堂教学必须接受和实证的。

如何落实单元任务、组织群文阅读？首先，我们要以单元主题为主导来组织群文教学，从而循序渐进地实现对学生语文核心素养的培养。

如统编必修上册第一单元主题为"青春的价值"，这是一个很能引起高一学生思考青春意义、规划青春奋斗方向、确立正确的青春价值观的主题，既是青年学生思想走向成熟的奠基之旅，也是其对人生意义与价值的思考之始。因而，在这个主题的主导下，我们可以对单元七篇文章进行重新组合，以实现课堂教学的序列性、有效性，而不仅仅是泛泛而读。在教学时，我们可以以毛泽东的《沁园春·长沙》为主导，"以一带三"，将《沁园春·长沙》与《红烛》《峨日朵雪峰之侧》组成一个小的阅读单元，在比较中深入探寻三篇诗歌所表达的时代精神、三位诗人的精神品质、三首诗给予青年学生的情感共鸣与精神熏陶，从而达到立德树人的目的。

另，本单元中《百合花》《哦，香雪》这两篇小说，既有许多共同点，又有太多不同之处：从共同之处来说，都是女性作家的小说，小说内容颇为诗化，都是以生活小事来反映重大主题，微言大义，主人公都是青年女性，情感丰富而美好；但两篇小说所写的时代不同，主题也各异，客观地展现不同时期女性的成长史，具有鲜明的时代特征与历史连续性，从纵向对比可以看到新民主主义革命和改革开放对女性的解放，对她们生命中最美好的人性的呼唤与呵护。

通过任务群阅读，我们就可以看到"青春"更深层次的价值，这种价值更能对当代青年产生心灵的震撼与精神的澡雪。同时，任务群阅读可以使学生思辨的角度更为宽广，审美的视角更为多元，这也许是单篇阅读所不能实现的核心素养培养。

群文阅读让我们在重组、对比、链接中找到了一种新的思考视角，对于培养学生看问题的视域、思考问题的方式是有好处的。

二、理性看待，精讲不可偏废

《礼记·中庸》有云："故君子尊德性而道问学，致广大而尽精微，极高明而道中庸。"在大力推行群文阅读时，我们不可从一个极端走向另一个极端，单篇精读经历几十年的实践提炼，在课堂教学中已积累了丰厚的底蕴，对于培养学生的语言表达能力、思辨能力等有不可替代的功效。因此，我们应理性看待群文阅读与单篇精读，该精读的时候应不吝时间，不惜唇舌，引导学生条分缕析，从纵向角度深入品析，在精读中感受文字之妙、语言之微、思想之深。

譬如讲读《子路、曾皙、冉有、公西华侍坐》一文，我们不仅要指导学生反复诵读，熟读成诵，还要通过比较、置换等方式设置阅读情景，让学生能进入彼情彼景，去感受孔子教育弟子时的蔼然风范，去领略七十二贤人代表的士子风骨。

"莫春者，春服既成，冠者五六人，童子六七人，浴乎沂，风乎舞雩，咏而归。"

孔子为何对曾皙的回答特别赞赏，对此有两种观点：一种观点认为这是积极的，符合孔子对以礼治国的太平社会的期待；另一种从消极的角度理解，认为这是避世的思想。那么，我们该怎样引导学生作出正确的价值判断呢？若能联系我们现在的社会生活，我们可以作出一个合理的解释——从古至今，让人们过上幸福、自由、富足的生活是所有读书人的理想，因而曾皙的回答更能让孔子击节叹赏。这就是精读的魅力。

又如《〈论语〉十二章》中云：

子贡问曰："有一言而可以终身行之者乎？"子曰："其'恕'乎！己所

不欲，勿施于人。"

我们可以将孔子的回答置换为："恕！己所不欲，勿施于人。"再来体会一下，这样置换之后，人物形象有没有变化，人物内在的思想情感是否有所不同。

为了说明在群文阅读语境中精读的魅力，本书精心选择了一些经典篇章进行赏读，以期在对文章细读的基础上进一步引领学生明白精读的重要性，与群文阅读构成互补，从而使学生能真正在阅读中提升核心素养，提高阅读能力，培养阅读习惯，为终身发展奠基。

三、融合共通，教学设计最优化

鉴于高中学生学习的现实情况，不管是群文阅读还是单篇精读，阅读最终都应落实在课堂教学中，而课堂既有预设，亦有生成，一篇好的教学设计直接关系到课堂教学的成功和学生阅读的成效。本书第五部分，笔者结合自己的日常教学，整理了几篇群文阅读教学设计，将对群文阅读的思考成果真正落实到每一节阅读课中。

阅读教学设计首先要有设计说明，对自己设计的主题、内容、逻辑作一个全面的盘点，做到胸有成竹，才能落笔成文。

教学过程在于突出学生的阅读活动，阅读不是老师阅读，而是在老师的点拨下，引导学生浏览、思考、表述，养成良好的阅读习惯，形成最优的阅读方法，并且在输入的过程中学会输出，能把自己的阅读体验用语言表述出来，用文字记录下来。久久为功，在这样的教学模式下，学生不仅学到了知识，更培养了综合素养、思辨能力、表述能力。

而表述的过程本身就是一个审美、思辨的过程。如，在设计《迷娘（之一）》与《树和天空》联读时，"回乡"这个主题已经确立了，但两者怎样统一在这个主题上？学生能否通过阅读活动有深刻的体悟？这是我们应考虑的。若阅读目标离学生的思考实际太过遥远，阅读效果就会很差。最后为了说明东西方文化中"回乡"的异同，笔者选择崔颢的《黄鹤楼》与《迷娘（之一）》比较阅读。《迷娘（之一）》为18世纪歌德创作的诗篇，背景知识较为复杂，所以需要同学们上网搜集背景知识，占用时间较多。《黄鹤楼》是初中必背篇目，同学们较为熟悉，故而阅读上基本没有障碍，相当于复习。但若从文化心理、社会理想的角度去比较两首诗的异同，就比初中教学目标要深得多，启发性也更强，故而，若能以这两首诗作对比阅读，其功效显然不会差。最终课堂教学效果证明了我的设想。教学设计必须考虑到学生的现实学情，否则就是"空中楼阁"，一定会落入"师者劳劳学者昏昏"的桎梏。

"两岸猿声啼不住，轻舟已过万重山。"走过最初的彷徨、困惑，任务群背景下的高中语文教学已渐渐进入实践总结与理论升华阶段，愿语文老师们都能做课堂教学的有心人，把教学中的点点滴滴记录下来，整理成文，共勉共励，为奠定学生终身阅读能力贡献应有的力量。

参考文献

[1] 温儒敏.统编高中语文教材的特色与使用建议：在统编高中语文教材国家级培训班的讲话[J].课程·教材·教法，2019（10）：4-9，18.

[2] 顾之川.高中语文"一课多篇"教学之我见[J].湖南教育（B版），2022（8）：35-38.

陶兴国

2024年7月17日

目　录

第一章　群文背景下的阅读策略

融通至细之倪，方成至大之域

　　——任务群视域下单篇课文教学旨归 ·············· 2

明素养之致，尽语言之微

　　——以选择性必修下册第三单元教学选择为例 ·········· 9

创设真实情境，探究诸子经典

　　——选择性必修上册第二单元阅读情境创设实践 ········ 18

基于思辨性阅读的专题研习

　　——以选择性必修中册第二单元为例 ·············· 23

高考考查要求下的古代诗歌教学

　　——高中语文古代诗歌教学例谈 ················ 29

第二章　群文背景下的文言文联读策略

清尘独步千载上，名实谁可继其美

　　——《答司马谏议书》《石钟山记》"名""实"细读 ······· 38

情爱旧曲，灵魂新歌

    ——《氓》《孔雀东南飞》审美化阅读 ………………………… 46

由小事入，由深理出

    ——《种树郭橐驼传》《石钟山记》的说理艺术撷谈 ………… 54

第三章   群文背景下的古诗词细读策略

别是一江水月，弦扬盛世雅音

    ——《春江花月夜》新论 …………………………………… 62

春水漫溢隐幽愁

    ——《客至》再读 …………………………………………… 66

华年一滴泪，壮志万缕烟

    ——群文阅读背景下《锦瑟》主旨探析 …………………… 72

蒹葭——理想主义精神的滥觞 …………………………………… 80

京华风尘客，千秋家国梦

    ——《临安春雨初霁》细读 ………………………………… 90

落拓人生，澡雪精神

    ——《登快阁》主题辨析 …………………………………… 96

呕血"箜篌引"，踯躅郁抑情

    ——细读《李凭箜篌引》 …………………………………… 103

塞上长城恒自许，铁马秋风常嘶鸣

    ——群文背景下《书愤》"塞上长城"细读 …………………… 111

细读《燕歌行》，探析"凭陵"势 ………………………………… 118

踯躅生命的觉醒

    ——鲍照《拟行路难（其四）》品读 ……………………… 125

第四章　群文背景下的现代文细读策略

"九分得意"到"十分得意"的距离
　　——鲁迅小说中看客的典型意义 ·················· 132
"泪水·微笑"于思辨中显影
　　——《大卫·科波菲尔（节选）》《阿Q正传（节选）》讽刺艺术别论······ 140
回归与消亡：异化中的审美选择
　　——《促织》《变形记》比较阅读 ·················· 147
凝视风谣吹皱的柔波
　　——《再别康桥》《蒹葭》联读 ·················· 155
"诚"字立骨，抱朴见器
　　——《修辞立其诚》的审美鉴读 ·················· 162
知人论世，缘景明情
　　——《迷娘（之一）》《树和天空》联读策略 ·················· 168

第五章　群文背景下的教学案例设计

乡关何处
　　——《迷娘（之一）》《树和天空》比较阅读教学设计 ·················· 180
悟自然之美，品士子风骨
　　——《故都的秋》《我与地坛（节选）》比较阅读设计 ·················· 184
血沃中原肥劲草，寒凝大地发春华
　　——《记念刘和珍君》《为了忘却的记念》群文阅读设计 ·················· 191
喜看稻菽千重浪，遍地英雄下夕烟
　　——《长征胜利万岁》《大战中的插曲》联读教学设计 ·················· 197

情爱悲曲，心灵颂歌

　　——《氓》《孔雀东南飞》群文阅读教学设计 ……………… 202

引类譬喻为生民，以退为进思报国

　　——《齐桓晋文之事》《烛之武退秦师》比较阅读设计 ……… 207

后 记 ……………………………………………………… 213

第一章

群文背景下的阅读策略

融通至细之倪，方成至大之域

——任务群视域下单篇课文教学旨归

"学习任务群追求语言、知识、技能和思想情感、文化修养等多方面、多层次目标发展的综合效应，而不是学科知识逐'点'解析、学科技能逐项训练的简单线性排列和连接。学习任务群的设计，旨在引领高中语文教学的改革，力求改变教师大量讲解分析的教学模式。""课程结构"对学习任务群的设置目的进行了明确的说明，掀起了一轮新的语文教学革新，群文阅读、大单元教学、大概念教学层见叠出，关联、重组、整合成了语文教学的基本范式，而单篇课文的涵泳、经典情节的赏析、典型人物的深入品读却愈来愈边缘化，更谈不上"咬文嚼字"式的讲析。无论是青年教师，还是资深的语文工作者，都在一边惶惑地组织学生"自主、合作、探究"，一边怯怯地叩问："单篇教学不需要了吗？"单篇教学大有沉沦之势。

高中语文学习任务群视域下，单篇课文教学为什么引起了一线教师与语文教育界专家的高度关注？作为奋战在一线的语文教师，自我体察，确有以下原因。

一、美好的理念与教师知识储备之间的抵牾

用"抵牾"一词，只因确有切肤之体验。当新课标推出之后，我也如许多教师一样，自觉加入了对新课标的学习与研讨之中，对高中语文18个任务群教学有欣欣然、跃跃欲试之情。2022年下学期有幸回到高一年级，正式开始统编新教材的教学工作，并下定决心带领同仁们做好学习任务群视域下的语文教

学，可当进入教材研习后，却发现自己的知识储备还不足以驾驭学习任务群框架下的语文教学。以统编必修上册第一单元为例，本单元共3课，包含5首诗、2篇小说，皆统一于"青春的价值"这一单元教学主题之下，课文内容看似简单，但若深入研习，却感觉到篇篇皆为经典，难以取舍。每首诗的主题皆有不同，风格也不尽相同，若让学生有印象、能理解，非熟读成诵是难以达到期待的效果的。两篇小说的时代背景、人物形象、凸显的主题也明显不同，若要把它们归为一类来研习，无"拉郎配"的功力实属难为。故而浩叹道行浅薄，析讲几篇，其他学生自读。

二、丰富的选文与学生阅读时间之间的枘凿

客观地说，学习任务群设计是十分理想化的，每一个任务群基本上由5到6课组成，如必修下册第一单元共5篇文章，分别出自《诗经》《孟子》《庄子》《左传》《史记》，皆为经典文言文篇章，《齐桓晋文之事》《鸿门宴》篇幅长，文言知识点丰富，若不全篇熟读成诵，抓铁留痕，细细涵泳，深入解读，只是走马观花地大阅读，故事内容、人物形象、文言知识则如逝水流花，了无痕迹，更别说审美鉴赏与文化濡染。还有整本书阅读和语言运用等任务群，完成这些任务群的研习是要时间的，但高中语文教学现实是，课堂时间尚且难以保证，遑论课后时间。为了完成教学任务，课堂上只能采用传统语文教材中的单篇精讲的教学方式，其他则略过。任务群内课文之间的关联、重组、整合反而退居其次，甚至很少能建构起来。

三、任务群大单元、大概念与新高考语文试题之间的距离

2023年高考语文新课标Ⅰ卷是统编教材全面使用后第一套真正体现国家课程改革意志、"教—学—考"一致性指导思想的试卷。做完此卷后，给人的感受是，若不能认认真真、踏踏实实上好每一篇经典课文的讲解课，而只是浮泛于任务群阅读，忙忙叨叨地进行大单元项目或支架设计，在众声喧嚣中"为活动而活动"地进行语文教学，知识点就落不到实处。没有语文知识的积累又哪里谈得上在情境中运用呢？高考语文试题中的语用题一直是高考命题的试验田，2023年新课标Ⅰ卷语言文字运用Ⅱ变化较大，但涉及的知识点特别基

础，第20题考查叠音词的表达效果，第21题考查逗号在情境中的表达效果，第22题考查"像……似的"在不同语境中的语意，这些语言知识点在任务群大单元、大概念的阅读中是很难涉及的，若单篇课文没有经过课堂内的反复咀嚼品鉴，基本语言知识的考查就变成了难以逾越的鸿沟。而古诗文的考查材料则有直接取自课本的，如文言文第11题考查对"围""劝"的理解。考查的两则文言文段与课本中先秦诸子散文的语体风格具有一致性。诗歌第16题则是对宋诗寓理的考查，具有浓厚的哲理思辨意味，侧重于对学生思辨能力的检验。小说阅读题的设置更是注重对学生阅读的深度与表述概括能力的考查，考题涉及对"飘"的品析，并通过具体段落"下田去吧，儿子"考查对多重身心感受的梳理概括。要准确完成这些题目，没有几分"咬文嚼字"的功力是不行的，而这种能力非单篇精读不能培养。

此外，拭目以待的整本书阅读在新课标Ⅰ卷也没有进行直接命题，这从侧面说明了改革引领者们也意识到以上的一些问题。课改只能"慢慢走"，而作为传统教学的单篇教学不仅不会落伍，在任务群教学中其地位或许还会更突出，关键是我们能否正确、科学地处理好任务群与单篇教学的关系。

四、深入理解新课标精神，科学定位单篇教学在高中语文教学中的价值

新课标首先就语文课程性质进行界定："语文课程应引导学生在真实的语言运用情境中，通过自主的语言实践活动，积累言语经验，把握祖国语言文字的特点和运用规律，加深对祖国语言文字的理解与热爱，培养运用祖国语言文字的能力；同时，发展思辨能力，提升思维品质，培育社会主义核心价值观，培养高尚的审美情趣，积累丰厚的文化底蕴，理解文化多样性。"这里十分明确地说明了语文课程首要的任务是"培养运用祖国语言文字的能力"。实践是检验真理的唯一标准，知识来自实践，单篇教学在学生语言文字运用能力的培养上，仅现当代就出现了无数勇于研究、敢于创新、善于从实践中提升教学理论的大家，如陶行知、叶圣陶、于漪、洪镇涛等。叶圣陶先生曾说："语文教材无非是个例子，凭借这个例子要使学生能够举一反三，练习阅读和写作的熟练技巧。"黄厚江先生说："不管语文教学怎么改革，不管推行什么样的课程

理念，听、说、读、写训练都是语文教学的基本活动。"在语文教学中，我们若要把某个例子的"功效"发挥出来，靠大单元、大概念以及群文的关联、重组、整合是很难做到的，必须倚仗单篇课文的"听、说、读、写"，只有慢工出细活，深耕细作，才能舒根展须，枝繁叶茂。统编教材的总主编温儒敏先生也不无忧虑地说："要用好统编语文教科书。如今实施大单元教学，导致有些必要的单篇课文教学被淹没在任务驱动的讨论中，'语言运用'这个本位被挪移、忽略或者轻视了。"语文课程改革并非颠覆式"革命"，教育有连续性和相对稳定性，我们应当继承和吸收以往好的教学经验，也要按照新课程标准和统编语文教科书的要求与建议稳步推进改革，努力平衡好素质教学与应试的关系。所以，在任务群视域下的高中语文教学中，我们应科学定位单篇课文教学，理性对待"大单元""大概念""群文阅读"等等，不能让单篇教学淹没在众声喧嚣中。真正理解了新课标的精神实质，我们就不会被层出不穷的教改理念所左右，从而选择更能落实新课标精神的教学方式。无疑，单篇教学是最成熟、最能培养学生语言基本能力的凭借。

五、深入认知"大"与"小"的辩证关系，重视任务群视域下的单篇教学

庄子《外篇·秋水》曰："知天地之为稊米也，知毫末之为丘山也。"语文教学莫不如此，我们应辩证地看待任务群与单篇的关系。高中统编语文教材分为18个任务群，每个任务群有集中的单元学习主题，有明确的研习任务，这是大的研习框架；每个任务群又是由若干独立成篇的文章组成，每篇文章都是"经典中的经典"，这是任务群的细胞，是"小"的方面；每一篇经典文章又包含着听、说、读、写的各个方面，是语文建构的最基本的单元，是语言运用的最有效的平台。若我们不把任务群所包含的经典篇目讲深、讲透，不充分利用课堂时间引导学生去阅读、去品析、去感悟，甚至去仿写，学生即使想自主研习，又如何知道门径？孙绍振先生说："以单篇经典文本作为细胞形态，进行特殊性的层层深入的具体分析，不难洞察其深邃的普遍性。以彻底的过硬分析，不仅可以揭示出其普遍性，而且可以梳理出矛盾推动历史发展的普遍性，如果要说'整合'，只能先从文本里分析出跨时代、跨形式、跨历史的规

律。"他还以杜牧的《江南春》为例进行了分析。笔者在组织选择性必修中册第二单元任务群阅读时，王愿坚的《党费》就引发了学生的质疑，他们质疑这个革命人物的真实性，真实性被怀疑，典型性就没有皈依，其革命精神就难以引起学生的共鸣，也难以在当代学生心中产生崇高感，最终革命精神的传承就不可能落到实处。知人论世，为了让学生能进入黄新的精神世界，我们又不得不对小说所描写的时代背景、人物形象的典型、小说塑造人物的方法以及文中人物塑造的艺术真实——讲解，在诵读与品析中带领学生进入彼时空，从而产生情感上的共鸣。

六、改进单篇课文教学模式，注重情境创设，自主实践，合作探究，提高教学效率

经过历史长河的淘洗，高中语文单篇教学积淀了许多成功的做法，课前有导学案进行预习，课堂上有精讲精析，课后有练习题评测，等等。但随着网络时代的高速发展，人们阅读习惯发生改变，获得信息的途径多元化，传统的教学方式理应与时俱进，否则必然不能适应新时代立德树人的要求。所以，我们在重视课堂单篇教学的时候，决不能安常习故，故步自封，而应高瞻远瞩，守正出新。

高瞻远瞩的意思是对于统编教材的每一个单元，我们应明了其主题是什么，研习任务有哪些，主题概括是否准确，单元学习任务是否符合学生的学习实际。要分清每一单元中哪些篇目属于"例子"，必须精讲，哪些篇目为延伸，需在单元主题的统领下进行关联性阅读、辩证性思考。守正出新指的是我们既要承继单篇教学"听、说、读、写"的精髓，让学生熟读经典课文，也要带着学生深入品析课文内容——划分文章结构、品析语言特色、讲析语句内涵、挖掘文章背后的思想文化，真正做到语文基础知识点明晰，语言文字运用熟练，思想内容领悟深刻。同时，要汲取任务群设计的教学理念，变讲堂为学堂，创造阅读情境，设置阅读任务，激发学习兴趣，引导学生质疑思辨，"变'要我学'为'我要学'"，让学生真正成为课堂的主人。另外还要有意识地开展思辨性阅读，实现学生思维的发展与提升。统编教材最大的特点就是每个任务群中都有适用于对比思辨的阅读文章，所以我们应有意识地组织学生在课

堂上进行思辨性阅读，只有阅读深入了，学生的思维才能更活跃，阅读的品质才会更高，才能做到"以一带三"，实现提高学生的核心素养、立德树人的教育目的。

七、研究《中国高考评价体系》，实现任务群视域下单篇课文教学的突围

教育部考试中心于2019年11月颁布了《中国高考评价体系》，阐明了教考关系，将应考查的素质教育目标凝练为"核心价值、学科素养、关键能力、必备知识"的四层考查内容。同时，高考评价体系还规定了高考的考查载体——情境，以此承载考查内容，实现考查要求。这些理念与原则在2023年高考新课标Ⅰ卷中体现得淋漓尽致，如语言文字运用Ⅱ第20题"文中有三个重叠形式'处处、微微、早早'，说说它们和'处、微、早'相比，语意上各自有什么不同"，这道题就是考查叠音词在具体语言情境中的表达效果，若我们在学习统编教材选择性必修下册第二单元《再别康桥》时能引导学生品味此诗的语言之美，就必然会体悟叠音词在语境中的表达效果，此题则迎刃而解。再如第21题"对文学作品来说，标点标示的停顿，有时很有表现力。文中有两处画横线部分，请任选一处，分析其中的逗号是怎样增强表现力的"，此题借考查标点在语言情境中的表达效果，间接考查了长句与短句在表达效果上的不同。标点符号的用法也许我们备考中复习过，但标点的表达效果却鲜有涉及，若我们能从长句与短句的表达效果去思考，这个问题就简单多了。很多经典文章中有许多语段，其标点运用以及产生的效果颇值得玩味，像这样的语段在统编教材中可以说俯拾即是，如郁达夫《故都的秋》中说："北国的秋，却特别地来得清，来得静，来得悲凉。"我们若能在单篇教学中讲解到位，学生对长句与短句的不同表达效果自然会有透彻的体悟。

在"教—学—考"一体性理念指导下，高考试题将进一步引导我们更好地指导学生在情境中运用语言，做到"以一带三"，培养学生的知识能力与价值观，从而达到立德树人的根本目的。由此看来，单篇课文的教学不仅不能弱化，还应在任务群视域下科学谋划，突出经典，凸显它们的"例子"作用，以经典篇目的深入阅读来带动其他篇目的研习，培养学生的阅读兴趣，为他们的

终身发展奠基。

参考文献

［1］中华人民共和国教育部.普通高中语文课程标准：2017年版2020年修订［S］.北京：人民教育出版社，2020.

［2］温儒敏.落实语文核心素养的"以一带三"［J］.中国基础教育，2022（12）：13–16.

［3］孙绍振.再论"大单元/大概念"：理论方法和战略前途（上）［J］.语文建设，2023（1）：67–72.

明素养之致，尽语言之微

——以选择性必修下册第三单元教学选择为例

选择性必修下册第三单元为传统文化经典研习单元，共有《陈情表》《项脊轩志》《兰亭集序》《归去来兮辞（并序）》《种树郭橐驼传》《石钟山记》六篇文章，按主题大致可分为三个方面：《陈情表》《项脊轩志》至情至性，以情取胜；《兰亭集序》《归去来兮辞（并序）》谈生命短促，境界高蹈；《种树郭橐驼传》《石钟山记》缘事说理，理趣盎然。六篇文章主题虽各有异同，但旨归于触摸民族血脉，促使学生增进对中华优秀传统文化的理解。

但在落实单元研习任务上，不同的教者有不同的理解和不同的教学选择，特别是在群文阅读思想指导下，在大单元、大概念教学理念支配下，单元大开大合的重组与整合成了最优选择，有的是在主题上进行整合，力争以文化主题贯穿六篇，让文化自信在学生心中"开花"；有的以语体风格为切入点，企望以语体风格的比较来深入理解不同时期的文化特质；还有的干脆以文言知识为纽带，在文言知识的讲解中达到对文化经典的体悟。但这些都忽略了一个最根本的问题，就是语言建构与运用应是思辨与审美的前提、文化传承与理解的基础，语言建构与运用核心素养提高了，我们才可能深入挖掘经典文本所承载的文化意义，并使之服务于现代生活。因此，在对经典古文的教学选择上，我们要做到"明素养之致，尽语言之微"，正如刘勰在《文心雕龙》中所言："文之思也，其神远矣。故寂然凝虑，思接千载；悄焉动容，视通万里。"我们在单元教学时，对本单元应落实的语文核心素养的四个方面应有明确认知，了然于心，而核心素养的落实绝不可浮光掠影，浅尝辄止，其应贯穿于语言建构与运用整个过程中。

新课标中明确指出：

语言建构与运用是语文学科核心素养的基础，在语文课程中，学生的思维发展与提升、审美鉴赏与创造、文化传承与理解，都是以语言的建构与运用为基础，并在学生个体言语经验发展过程中得以实现的。

孙绍振先生在《再论单元结构的理论基础》中大声疾呼：

单元越大，结构的要素越多，用最简明的话语来说，如人体的十二道神经系统，各自功能分析不难，但其配合超出神经系统，包括循环、呼吸等系统综合为人的生命，综合分析其间奥秘难度大到至今许多生理现象无法解释。大单元分析中的综合分析同样很难，对独特语言创造的遮蔽性似乎不可避免。

以大单元、大概念为核心组织教学，很容易坠入对语言研究多于语言学习的"迷雾"，这种危害洪镇涛先生很早就指出过：

这种以对教材的分析为主的做法，实质上是以指导学生研究语言取代组织学生学习语言。而我们语文教学的任务，应该是组织学生学习语言，而不应该是让学生研究语言。所谓学习语言，主要是指通过感受、领悟、积累语言材料和运用语言来提高语文能力。

故而我们应以语文核心素养的提升为核心，在单元研习任务的总框架内，通过对单元内经典文段涵泳、品味，领略、体悟其精妙深微之处，从而熟稔语言特质，提高语言运用能力，实现对语言中所蕴含的文化精神的思辨、审美与传承。

一、读至情之文，品至性人生

《陈情表》为李密婉拒司马氏征辟之作，虽有乱世之中保全性命的考虑，但文中所述母孙相依为命的至情，令人恻然心悸，字里行间我们仿佛看到了中华民族孝亲敬老的精神在汩汩流淌。

清代吴楚材、吴调侯《古文观止》有载："历叙情事，俱从天真写出，无一字虚言驾饰。晋武览表，嘉其诚款，赐奴婢二人，使郡县供祖母奉膳。至性之言，自尔悲恻动人。"而悲恻动人的情感、谆谆笃厚的性情只有在对文本语言的涵泳、品味中才能潜移默化地影响学生，提高他们的思辨与审美能力。

祖母对李密的养育虽无具体情节描述，但三言两语中却能体会到无限深情：

祖母刘愍臣孤弱，躬亲抚养。

臣无祖母，无以至今日；祖母无臣，无以终余年。母孙二人，更相为命。

本文中作者直接写祖母养育自己的虽仅有以上两句，但祖母的养育深情却可触可见。"愍"为"怜惜"的意思，用此一词，更显身世之孤、祖母抚养不易。"躬亲"二词连用，写出祖母在无人帮衬的情况下，含辛茹苦，将作者拉扯成人。简短语句，别样深情，既有对祖母的感激，亦有身世悲凉、家门衰微的感伤，朴实叙述中满含纯良至性，令人凄恻。

下面一段为议论抒情语句，前文叙身世之悲、境况之艰，言语较为隐忍，可隐忍的外表下是奔腾的情感激流，它至此终于倾泻而出，化作撼人心魄的波涛，令人心潮起伏，心意难平。

文中真情，语中至性，绝非浮光掠影式的群文阅读、大单元建构所能领悟感知，必须以语言为媒介，反复吟诵、深入涵泳才可令人感同身受。

李密作为蜀中名士，"师事谯周，周门人方之游夏"。谯周的弟子把他比作孔子的高足子游、子夏，可是为了打消晋武帝的猜忌，为了能留在家中侍奉祖母，李密不惜自污名节：

且臣少仕伪朝，历职郎署，本图宦达，不矜名节。

崇尚名节，持有忠正，本为读书人至高的人格追求，可李密为了供养祖母，竟说自己本来就是一个图谋官场通达的人，也就是谁给他官做，他就跟着谁干，他并不在意"一臣不侍二主"的美名，这不是自污又是什么呢？在李密心中对祖母的供养比世俗的所谓名节重要得多，从这些文句中我们可以读出李密为供养祖母而不顾一切的至情至性。

《陈情表》为晋初赋体文，文句简练，音韵和谐，非反复诵读难以体会语言之美、思想之深、人格之高尚、情性之深沉。故而涵泳、细品应是教学优先的选择。

《项脊轩志》同样情性深重，但与《陈情表》相较，写人叙事手法大为不同。《陈情表》为晋初韵文，音韵流丽中饱含深情；《项脊轩志》是明代散文中的代表作，承继唐宋朴实文风，以生活细节取胜，而活色生香的细节离不开语言的建构与运用。

且看《项脊轩志》开头部分：

借书满架，偃仰啸歌，冥然兀坐，万籁有声；而庭阶寂寂，小鸟时来啄食，人至不去。

卢照邻在《长安古意》中说"寂寂寥寥扬子居，年年岁岁一床书"，归有光青年时代居住学习的项脊轩虽然简陋老旧，但并不妨碍他学习思考，正是这一方简陋僻静的天地，让他能够安静地学习，深入地思考，与自我周旋，与万物融通，"天人合一，和合共生"。他可以在这里自由地啸歌，静静地独坐，听自然界各种声响；与小鸟絮语，与明月为伴。这不正是中国文化传统中读书人最憧憬的生活状态吗？"一箪食，一瓢饮，在陋巷，人不堪其忧，回也不改其乐。"作者以诗一般的意境，婉转空灵地向我们渲染中国的传统之美，让学生在阅读中慢慢受到这种安贫乐道思想的浸润。

家居生活细节，更能体现出归有光对项脊轩用情之深。家，既是他温润生命的生长点，亦是他心灵停泊的港湾。

妪每谓余曰："某所，而母立于兹。"妪又曰："汝姊在吾怀，呱呱而泣；娘以指叩门扉曰：'儿寒乎？欲食乎？'吾从板外相为应答。"

一日，大母过余曰："吾儿，久不见若影，何竟日默默在此，大类女郎也？"

此两段文字突出显示了"唐宋派"古文大家归有光的散文特征，以生动感人的细节描写表达内心深处的情感。"儿寒乎？欲食乎？"文中母亲不经意的询问让我们深切地体会到母亲对儿女的牵挂，世界上没有偶然，所有的偶然都是必然，在姐姐哭泣时，母亲不期而至的关切说明母亲时刻关注着孩子的成长。

亲情不是一人一事的体现，而是良好家风的濡染、民族精神的传承。因而作者很自然地回想到了祖母对自己的关心，"吾儿"，亲切之至，爱入骨髓；"久不见若影"，饱含着思念与眷恋；"何竟日默默在此"，既有怜惜之意，爱玩本是青年人的天性，祖母怜惜自己太过用功，担心自己陷入孤绝的境地，又充满欣赏鼓励之情，因自己宁静自守、勤奋用功而欣慰。

这些文段若不细细品读，反复吟诵，又怎知音韵之妙、情感之切、性情之善和作者用心之深？

二、读魏晋风流，思生命真趣

魏晋六朝是中国历史上最混乱、社会上最苦痛的时代，然而却是精神上极自由、极解放、最富于智慧、最浓于热情的一个时代，也是最富有艺术精神的一个时代。"振衣千仞岗，濯足万古流"，晋人以其超迈的人格风范与玄远的哲理思考审视社会的混乱与自然的美好，谛听时光跫音，思辨生命幽微。

晋代也是中国历史上最富于悲情的时代，八王之乱、五胡乱华、南北朝分裂、"上品无寒门，下品无世族"，在这样的时代，每个人都处于生命短促、朝不保夕的忧虑中。

汉末《古诗十九首》云："人生寄一世，奄忽若飙尘。"感叹人生的短暂。陈思王曹植曰："人居一世间，忽若风吹尘。"这两句不仅写出了生命的短暂，更蕴含命运难以把握的哲思。魏晋的诗文里，亦多有感念时光飞逝、生命无常的作品，如李泽厚《美的历程》一书所言："这种对生死存亡的重视、哀伤，对人生短促的感慨、喟叹，从建安直到晋宋，从中下层直到皇家贵族，在相当一段时间中和空间内弥漫开来，成为整个时代的典型音调。"而本单元王羲之《兰亭集序》与陶渊明《归去来兮辞（并序）》可谓一体两面，深入揭示了魏晋士人对生命的哲思及对自我人格的澡雪。现代中学生对这种玄远高迈的生命意识觉醒的体悟，非语言品读很难达到体悟功效。

三、山川竞秀，心河玄远

首先，《兰亭集序》的审美价值是建立在对自然万物的爱与思考上的。王勃在《滕王阁序》中说："四美具，二难并。穷睇眄于中天，极娱游于暇日。""仁者乐山，智者乐水"，山水是生命的起点，亦是精神与思想的源泉。魏晋风神潇洒的王羲之是深谙其中意味的，王羲之曰："从山阴道上行，如在镜中游！"心情的朗照，使山川影映在光明洁净中，故而其所述之景为"暮春之初"，正是江南"杂花生树，群莺乱飞"的最美季节；与会的是群贤与少长，既有智慧高地，又不乏青春生命气息，是过去与现在，是衰落与新生的承继；"曲水流觞""临清流而赋诗"更显精神自由，张扬的是人格的舒展与独立。

仰观宇宙之大，俯察品类之盛，所以游目骋怀，足以极视听之娱，信可乐也。

王羲之于文章开头部分极写自然万物的寥廓与高远、秀丽与生机。既有巍巍青山，又有青青竹木；清流激湍映带左右，朗天惠风，清气环绕，确为游观的最好时间。而所为乐事更是出尘脱俗，酒杯漂流在曲曲折折的溪水之上，列坐的雅人高士取杯饮酒赋诗，此情此景，不能不让作者感人生之乐，思生命之深微内涵。文字只有简短的几句，但良辰、美景、嘉宾、雅咏的快乐与幽思若无语言文字的品读，情景化阅读的个体体验，恐怕只能是隔山打牛，难有会心。

王羲之在《兰亭集序》中所寄寓的生命哲思，若无语言的深入品味则很难明悟。

"夫人之相与，俯仰一世。"社会中人与人之间，一仰头一俯身，这一生就过去了，那么人应怎样度过这俯仰即逝的生命呢？紧接着王羲之举了两种生命形态，也是魏晋士大夫常有的生命过程。

或取诸怀抱，悟言一室之内；或因寄所托，放浪形骸之外。

但这两种生命形态就是作者所赞赏或所认可的吗？我们应从哪里去寻找作者对生命过程的评判呢？

通过对语言的品味，我们能深刻地体悟到作者对"悟言一室之内""放浪形骸"的生活情态是持否定态度的，故而作者说："古人云：'死生亦大矣。'岂不痛哉！"死生是最重大的事情，但若于己于人无益，生命不是一场虚无的梦吗？又有何益呢？

王羲之出身魏晋豪门世族，他并不赞成如自己那样的阶层生活，虽然他并没有找到一条正确的生命之路，但这番思考也是一个巨大的进步。

如果说王羲之只是停留在对自我阶层生命形态的省察境界，那么，作为一个没落甚至生活在下层的小官员，陶渊明则以更决绝的态度离开了那个"修禊事"的群体，回到了魏晋文人最挚爱的田园。

陶渊明对自己所处的时代是有清醒认知的。

余家贫，耕植不足以自给。幼稚盈室，瓶无储粟，生生所资，未见其术。亲故多劝余为长吏，脱然有怀，求之靡途。会有四方之事，诸侯以惠爱为德，家叔以余贫苦，遂见用于小邑。

"于时风波未静"，艰难时世中，作者本欲居家全身而退，可养家糊口的问题难以解决，所以不得不以做县令为谋生手段，出仕实为乱世中最无奈的选择。通过语言的品读，我们可以清楚地认知到陶渊明的清洁之气和高朗的人格操守。

"饥冻虽切，违己交病"，可以说陶渊明是魏晋士人自我人格觉醒的最鲜明代表。正是因为不愿沦落官场，不愿让身心陷入无止尽的苦痛中，陶渊明义无反顾地离开了官场。离开官场后回归田园的一段畅快描写充分展示了其心灵的舒展与个性的自由。

园日涉以成趣，门虽设而常关。策扶老以流憩，时矫首而遐观。云无心以出岫，鸟倦飞而知还。景翳翳以将入，抚孤松而盘桓。

陶渊明的田园生活真正做到了无拘无束，他流连田园，融身自然，得到无穷趣味。虽有柴门，却形同虚设，田园中既无门庭若市的喧嚣，亦无"门前冷落鞍马稀"的落寞，只有宁静与淡泊。后面的细节描写更是理随心至，随心赋形，妙合无垠。拄着拐杖时而流连，时而暂息，时而遥望，心灵在田园中飞翔，精神与云与鸟一起生长。暮色四起，诗人依然斜倚孤松，是因为生命的虚静还是因为岁月的流淌？……

修身齐家，治国平天下，本是读书人的终极人生目标，可是处于乱世中的诗人又该如何自处呢？"精卫衔微木，将以填沧海"，这也许是他最想要的生命形态。《论语》有载，"危邦不入，乱邦不居"，居于乡间，隐身田园是他保全生命最好的方式。"聊乘化以归尽，乐夫天命复奚疑"，无疑实有疑，无待的背后是真正有所待。

王羲之面对短暂的生命发出了沉重的感喟，陶渊明面对乱世中的生命危压作出了隐退的选择，这实际上是魏晋士人面对生命困境时一体两面的人生写照。若我们能引导学生这样去涵泳，去对照品读，学生在语言品味中思辨与审美能力必然会得到长足进步，精神文化的因子就会播撒于他们的心中。

四、读唐宋古文，持思辨之趣

本单元第三组文章为柳宗元的《种树郭橐驼传》和苏轼的《石钟山记》，

作为唐宋八大家的代表人物，两人文风都很简练，充满理趣。

《种树郭橐驼传》题名为"传"，兼有寓言性质，是柳宗元针对当时官吏繁政扰民现象发而为言的。柳宗元通过对郭橐驼种树之道的记述，说明"顺木之天，以致其性"是养树的法则，只有"顺天"才是根本之道，并由"顺木之天"推论出"顺人之天"，也就是养人的道理，指出为官治民不能好烦其令，指摘中唐吏治的扰民伤民的行为，规劝为政者，主张让百姓休养生息。

当我们读到他植者的种树特点时，不能不为作者的语言功力拍案叫绝。

他植者则不然。根拳而土易，其培之也，若不过焉则不及。苟有能反是者，则又爱之太恩，忧之太勤。旦视而暮抚，已去而复顾。甚者，爪其肤以验其生枯，摇其本以观其疏密，而木之性日以离矣。

以上对他植者的描述形象生动，细节传神，从早到晚又是看视又是抚摸，已经离开却又回头再关注，甚至抓破树皮察看树是否活着，摇动它的根须看土的松紧。这样下去树又怎能安生呢？难怪顾炎武在《日知录》中说本文是"稗官之属"，把它当作小说来看；鲁迅在《中国小说史略》中则更进一步说它是"幻设为文""以寓言为本"。

敬畏自然，尊重事物发展的规律对于今天为人为事依然具有重要的启示意义。

苏轼在《石钟山记》中则以游记的方式阐释生活哲理："事不目见耳闻，而臆断其有无，可乎？"其说理逻辑十分严谨，值得后学者学习。文章先引用《水经》注解，再列举郦道元、李渤的说法，树立质疑思辨的靶子。"是说也，人常疑之。""然是说也，余尤疑之。"质疑之情、思辨之意尤为深慎。后借自己的游历，考证石钟山得名原因，可谓言之凿凿，不容置疑。之后弄清真相，慨然叹曰："古之人不余欺也！"最后得出结论："事不目见耳闻，而臆断其有无，可乎？"行文逻辑严谨，思绪深慎，充分显示了宋代说理文的特点。而这些特点，若不细思慢品，学生怎可体会其中妙处！

《石钟山记》虽为说理，但文辞简练流丽，若不放声朗读，也难有会意。

余方心动欲还，而大声发于水上，噌吰如钟鼓不绝。舟人大恐。徐而察之，则山下皆石穴罅，不知其浅深，微波入焉，涵澹澎湃而为此也。舟回至两山间，将入港口，有大石当中流，可坐百人，空中而多窍，与风水相吞吐，有窾坎镗鞳之声，与向之噌吰者相应，如乐作焉。

本段描写不仅有心理活动的刻画，如"心动欲还""舟人大恐"，亦有自我观察的深入，如"徐而察之"，更有精妙绝伦的水声相激的声音摹写——"噌吰如钟鼓""涵澹澎湃""窾坎镗鞳"等等，这些描写使说理形象生动，引人入胜，学生能够在品读中感悟到古代文化思想之深。

本单元六篇文章，三个审美视角，共同构成了对中华文化的思考。我们应紧紧抓住"语言建构与运用"这个"牛鼻子"，明素养之致，尽语言之微，在语言建构与运用核心素养的培养中，引导学生在思辨、审美中传承中华文化，塑造珍视至美亲情、敬畏生命、勇于思辨的意识与能力，从而成为一个情感丰富、格局远大、思想深邃的人。

参考文献

［1］孙绍振.再论单元结构的理论基础［J］.语文建设，2024（1）：53.

［2］洪镇涛.是学习语言，还是研究语言：浅论语文教学中的一个误区［J］.中学语文，1993（5）：6.

［3］房玄龄.晋书［M］.北京：中华书局，1974：2274.

［4］宗白华.境界：中国美学十八讲［M］.重庆：重庆出版社，2021：199.

［5］李泽厚.美的历程［M］.北京：生活·读书·新知三联书店，2018：91-92.

创设真实情境，探究诸子经典

——选择性必修上册第二单元阅读情境创设实践

创设真实、富有意义的语文实践活动情境对于激发学生文言文阅读兴趣、积累必备的文言知识、思考文化经典的现代意义具有不可替代的作用，是引导学生迈入文言殿堂，理解和传承文化经典的智慧选择。笔者在选择性必修上册第二单元教学过程中，进行了阅读情境创设实践，现述之于下，以期给予同行者有益的借鉴与思考。

第二单元选择了先秦诸子的一些经典论说，包括儒家的《论语》十二章、《大学》一章、《孟子》一章，道家的《老子》四章、《庄子》一章，以及墨家的《墨子·兼爱》篇。有的为语录体著作，微言大义，有的借寓言演绎物理人情，婉曲深致，有的宏论崇议，汪洋恣肆，若以传统教学方法释字析句，串讲到底，实难达到增长文言知识、培养文言阅读关键能力的功效。为避免堕入"讲者昭昭听者昏昏"的尴尬境地，以新课程标准为指导，根据本单元教学内容，创设语文实践活动情境，让学生在真实有意义的情境活动中进入文化经典的审美世界。

一、筛选、整合已有知识，创设个人体验情境

要创设真实而富有意义的个人体验情境，就要对个人体验情境的内涵与外延有所熟知，而不是流于形式，为了创设情境而创设。课程标准中提到："个人体验情境指向学生个体独自开展的语文实践活动，如在文学作品阅读中体验丰富的情感，尝试不同的阅读方法以及创作文学作品等。"从中我们可以看

出，个人体验情境可以有两种基本形式：阅读、创作。而阅读既是情感体验的必备要素，也是创作的起点。没有沉浸式阅读就无法体会到情感之深，哲理之妙，语言之美；同样，没有深入的阅读，亦不可出之于外，创作出有意义的作品。个人体验情境的创设绝不是无根之木、无源之水，必须建立在对已有阅读知识的搜集、整合、温故与品读之上。特别是先秦诸子散文，与我们相隔两千多年，其时代背景、语言风格、哲思方式与当代中学生都有很远距离。因此，我们若能把学生已学过的先秦诸子散文中的经典文段搜集出来，重新整合在一起，让学生诵读，必然能引起学生的阅读欲望，激发他们的思辨兴趣，从而展开对新的经典文段的品读。

首先，同学们搜集与整理曾经学过的先秦诸子散文，如统编七年级上册《〈论语〉十二章》、八年级上册《〈孟子〉三章》（《得道多助，失道寡助》《富贵不能淫》《生于忧患，死于安乐》）、八年级下册《〈庄子〉二则》（《北冥有鱼》《庄子与惠子游于濠梁之上》），统编高中语文必修下册《论语》（《子路、曾晳、冉有、公西华侍坐》）、《孟子》（《齐桓晋文之事》）、《庄子》（《庖丁解牛》）等。

其次，同学们对与本单元相关联的作家作品进行重组整合，如《〈论语〉十二章》与《子路、曾晳、冉有、公西华侍坐》，《北冥有鱼》《庄子与惠子游于濠梁之上》与《庖丁解牛》。

再次，对《论语》《孟子》《庄子》节选的文章进行多种形式的诵读，有集体诵读、分组诵读、分角色诵读等。在诵读的过程中回顾、总结所学先秦诸子散文是从哪些角度告诉我们人生哲理的，说理方式有何不同。

最后，讨论、总结先秦诸子散文告诉了我们哪些事理，用了哪些说理方式。如七年级上册《〈论语〉十二章》侧重于谈学习态度与方法，《子路、曾晳、冉有、公西华侍坐》主要是评述学生的志向，表达了孔子对理想生命情态的追求，对话中说理；《〈孟子〉三章》主要阐释了行仁政与人才培养的道理，运用了举事例和讲道理相结合、逐层推论的论证方式；庄子的文章则是谈顺应自然的难能可贵，《北冥有鱼》说明人世间万事万物都"有所待"，都未能摆脱世俗的束缚，《庄子与惠子游于濠梁之上》与《庖丁解牛》表达了庄子对顺应自然的人生理念的追求，同时也体现了庄子的文章以寓言说理见长的特点。

"温故而知新"，随着知识的增加与阅读体验的丰富，学生在对先前学过的先秦诸子散文的搜集、整理、诵读过程中，必然会产生全新的阅读体验与阅读冲动，带着这种情感体验进入新的文本，其阅读的趣味与视角又会进入一个新的阶段。实践证明，同样是《〈论语〉十二章》，同学们通过个人体验情境式阅读，很快就能领略到统编高中语文选择性必修上册主要谈的立身处世之道，辨析君子、小人之义。

二、加强跨媒介合作，再现社会生活情境

"社会生活情境指向校内外具体的社会生活，强调学生在具体的生活场域中开展的语文实践活动。"个人体验情境更多的是通过文本阅读所产生的情感体验，而要真正进入先秦诸子的哲思世界，就要做到知人论世，在真实具体的历史文化情境中开展语文实践活动，要把学生的社会生活情境与诸子的历史文化情境有效地融通对接。若要做到这一点，跨媒介合作确为富有前瞻性与开创性的方式。

语文阅读更多的是停留在纸质媒介之上，若我们能利用现代多媒体平台，把与先秦诸子有关的电影、动漫、线上讲座等视频资源整合到单元阅读中来，做到沟通古今，实现历史与现实的交融，就能把历史文化情境与学生社会生活有机融合起来，创建真实富有意义的社会生活情境。

"历史为骨，艺术为翼；中华文明，弘扬百世"，诸子百家作为我国优秀传统文化的重要组成部分，在《秦时明月》这部动漫中展现得淋漓尽致。为了了解墨家，同学们共同推荐观赏《秦时明月》第21至22集。动漫《秦时明月》只是含有历史的影子，算不上真正的历史演义，若要对历史真实有所了解，同学们又在网络上展开搜索，最终选定了中央电视台《百家讲坛》节目中《先秦诸子百家争鸣》第二部《儒墨之争》等片段，通过视频剪辑软件，对相关视频片段进行重新编排，形成与课内文本内容联系更紧密的影视材料。通过观赏动漫，以及讲座欣赏，同学们对儒家"仁爱"、墨家"兼爱"思想异同有了初步了解，对儒、道、墨入世之态度也有所体悟。在此基础上进入文本深读，同学们阅读的广度和深度就有所增加了。

光是欣赏别人对先秦诸子的艺术提炼和讲座是远远不够的，为了让学生更

深入地体悟节选章节的要义，我们又利用校园录播室，举行了两次沙龙式的论坛活动，并把活动过程录播下来，进行推广。一次是结合本单元研习任务，以"读诸子经典，论处世之道"为主题，开展论坛研讨活动，以班级小组为单位推荐论坛主持人与参与者。同学们参与度高，准备充分，探讨积极，对诸子处世之道的认识较为明晰。

另外结合本单元内容开展以"赓续文化，经典润心"为主题的微视频评比活动，要求学生从本单元六篇课文中任选一篇，撷拾其艺术特色、思想内容、社会影响等方面向学生作推介，时间不超过5分钟，可以自己一人主持，也可邀请同学、父母参与，但不超过三人。学生参与的热情很高，有的是两人合作完成，还有的是与父母或爷爷奶奶共同制作，内容丰富，制作精美，思想交流与碰撞激烈，真正实现了从文本阅读走向社会生活情境的全场域式再现。

论坛沙龙与微视频评比活动不仅增强了学生对文本的自主探究能力，更激发了他们的创造才能，真正实现了在社会生活实践活动中对学生语文核心素养的培养、审美价值的开拓与确立。

三、以任务驱动，构建学科认知情境

"学科认知情境指向学生探究语文学科本体相关的问题，并在此过程中发展语文学科认知能力。"由此我们可以看出，学科认知情境的对象是语文学科本体相关的问题，包括学科基本知识、关键能力，以及由此所应形成的语文核心素养。正如王国维在《人间词话》中说："诗人对自然人生，须入乎其内，又须出乎其外。入乎其内，故能写之。出乎其外，故能观之。入乎其内，故有生气。出乎其外，故有高致。"学科认知情境是学生由个人体验情境的感性认知走向社会生活情境和解决实际问题的桥梁与基点，既是对语文本体的回归，又是开拓创新思维的起点。对于先秦诸子散文学习来说，没有学科认知，是很难把文言经验付诸社会生活实践的。但新课程标准下学科认知目标的达成是以探究为手段，是在具体的语文综合实践情境中去完成的，那么，我们就应根据学生的文言学习实际与单元文本特色，以具体的任务为驱动来构建本单元的学科认知情境。

"听、说、读、写"既是语文学习的基本手段，也是语文学科应培养的基本能力，在学科认知情境的构建中，单元研习任务也对此提出了明确的要求。

单元研习任务（三）要求小组分工合作，找出"之""乎""者"等文言虚词在本单元课文中的用例，以卡片或表格的形式，整理、归纳各个虚词的意义和用法。

单元研习任务（二）要求反复诵读单元课文，总结概括先秦诸子各自文章的风格特点。让学生谈谈更喜欢谁的文章风格，结合课文，联系自己的语文学习经验，同学间相互交流。

根据学生的认知逻辑，笔者调整了任务顺序，在以上任务的驱动下，构成了一个"听、说、读"的活动情境，从而达到了对文言本体知识的梳理与探究。

为了达到思维与审美的进阶，我们又共同完成了下列两个任务。

儒家倡导"仁爱"，道家宣扬"无为""无用"，墨家执着于"兼爱"。请同学们以"儒、道、墨"三家为组别，组成三个辩论队，搜集整理三家的材料、观点主张，以"清醒的爱，迷茫的爱"为辩题举行辩论会，每队派出三个辩手进行辩论，其他学生作评委，评选出最佳辩论队与最佳辩手。

司马谈《论六家要旨》云："夫阴阳、儒、墨、名、法、道德，此务为治者也。"本单元课文中有不少经典名句，虽产生于两千多年前，但至今仍然闪烁着智慧的光辉，有些语句在新的时代背景下可以从新的角度做出辩证思考。请学生从课文中任选两句，谈谈对我们的生活或社会发展有何现实意义。自选角度，自定立意，自拟题目，写一篇不少于800字的议论文，在语文自主读书分享会上分享。

通过以上任务的驱动，构建了一个自主探究、交流辩论、合作分享的学科认知情境，不仅实现了文言基本知识的迁移、文言阅读与表达关键能力的提升，还激发了学生深入理解、探究文化问题的浓厚兴趣和意愿，增强了文化批判和反思意识，并能有意识地结合现实问题对文化现象进行多角度思考与审美思辨，从而能从历史的、发展的角度表达自己对当代文化建设的认知。

语文课程是一门学习祖国语言文字运用的综合性、实践性课程，语文实践情境也必然是互相融合、彼此渗透、开放多元且富有生成性的。通过选择性必修上册第二单元阅读情境创设实践，我们真切地认识到，真实而富有意义的语文实践活动情境，更能实现学生语文核心素养的发展和生命的成长。

基于思辨性阅读的专题研习

——以选择性必修中册第二单元为例

选择性必修中册第二单元为"中国革命传统作品研习"学习任务群，围绕本单元的人文主题"苦难与新生"，选择了六篇经典文章，将学生分为三组，设置了三个单元研习任务，希冀通过一系列的研习活动，提高学生的语文核心素养，并在"新时代的青年应如何继承和发扬革命传统"的讨论中，潜移默化地达到立德树人的教育目标。

单元学习任务群主题明确，专题研习任务很接地气，但由于所选文章篇幅长，记载的人和事离当代中学生的生活较远，如何激发学生的阅读兴趣，让学生在阅读中认识历史，把握当下，树立当代中国人的文化自信，除了情景活动之外，笔者认为最重要的是要引导学生质疑思辨，通过思辨性阅读激发阅读兴趣，切身感受作家的家国情怀，在对历史与现实的批判中思考中国革命的意义，从而使学生深刻感悟革命文化的精神内涵，滋养积极向上的家园情怀、责任担当。

一、创设情境，寻找思辨性阅读的切入点

"在这个浮躁的时代，这个自媒体和手机娱乐狂欢的时代，读书兴趣与习惯培养虽然很难，但更加重要。"温儒敏先生一针见血地指出，在这个时代培养读书兴趣是十分困难的。但注重文本分析的思辨性阅读可以激发学生读书的兴致，文本是思辨性阅读的基石，这是开展思辨性阅读不可或缺的基本理念。陈思和先生说对文本要有一种"信仰"，强调的也是这个意思。

入选选择性必修中册第二单元"中国革命传统作品研习"学习任务群的作品，有的是记录青年学生为了民主与自由面对反动派的枪口前仆后继，有的是表现旧中国劳动人民的深重苦难，有的是写革命志士为了党的事业勇于牺牲，这样的人物故事与人工智能、多媒体时代成长起来的高中生是有隔膜的。因此，通过创设阅读情境，进行思辨性阅读，应该是最有效的手段。那么，针对这一单元的革命传统作品，我们应如何创设阅读情境，寻找思辨性阅读的切入点呢？笔者从以下几个方面进行过有益的尝试。

类文导入，激发悲悯情怀。不知编选者有意还是无意，本单元几篇文章的主要人物几乎都是女性——刘和珍、冯铿、"芦柴棒"、水生嫂、三仙姑、黄新，她们中既有普通工人、进步青年，又有共产党员，还有随着时代洪流改变和新生的家庭妇女，凸显了本单元的主题"苦难与新生"。关于女性的苦难，必修下册《窦娥冤》《祝福》亦有特别深刻的揭示，我们可以以窦娥、祥林嫂的故事作为导入，激发学生的悲悯情怀，营造阅读情境。

影视观赏，激发爱国热情。"黯淡了刀光剑影，远去了鼓角铮鸣，眼前飞扬着一个个鲜活的面容。"沧桑的歌声具有特别的穿透力，一下子就可以把学生带入那个特定的历史时空。当《长津湖》的"冰雕连"呈现在同学们的眼前时，他们心中激起的是对英雄的崇拜和对历史的思考。

时事播报，激发忧患意识。本单元革命传统作品的历史事实虽然已成了遥远的回响，但新时代新青年同样面临着新的历史给予的责任与担当，在边境冲突中19岁的陈祥榕壮烈牺牲，在新时代脱贫攻坚战中30岁的黄文秀以身殉职，新时代新征程，我们更需要一代代青年踔厉奋发，勇毅前行。

二、问题导向，探求文本蕴含的精神力量

本单元共有六篇文章，可分为三组，《记念刘和珍君》《为了忘却的记念》同属鲁迅先生的纪念性叙事散文，但人物事件不同，抒发感情的方式有异；《包身工》为现代文学史上报告文学的扛鼎之作，文学性与新闻性熔于一炉；《荷花淀》《小二黑结婚》《党费》主人公为不同时期的农村妇女，她们的身上既闪烁着中华民族妇女的传统美德，亦呈现出不同的精神特质。思辨性阅读就是要在同中辨异，要根据时代发展的逻辑，于传统评价中推陈出新，提

炼出符合新时代立德树人要求的价值判断和精神养料。

在指导学生进行思辨性阅读的过程中，教师引导学生提出问题，分析质疑，多元解读，正确判断，获取真知。回到课本第二单元，其中的单元研习任务已经给我们留下了质疑思辨的路径，如《记念刘和珍君》《为了忘却的记念》学习提示中指出：二者都提到了"忘却"，前者以讽刺的口吻说"忘却的救主快要降临了罢"，后者则说"我不如忘却，不说的好罢"……这些都值得深入探究。《包身工》新闻性与文学性的统一以及三篇小说人物形象的同中有异都为我们留下了思辨的岔口。我们把六篇文本贯通起来，在"苦难与新生"这一单元阅读主题的统率下，以问题为导向，探求文本蕴含的精神力量，完成单元专题研习的目标：认识历史，把握当下，传承革命精神，树立文化自信。

在教学中，笔者试着引导学生以下问题为抓手，探究思考，质疑思辨。

这一单元着重写了几个人物？人物的身份可以分为几类？

这一单元的人物与事件是从哪些角度表现单元阅读主题"苦难与新生"的？

这一单元几篇文章描写人物的手法有哪些不同点？

以这几个问题为导向，凸显本单元阅读主题"苦难与新生"，通过问题驱动和任务分解使大单元阅读走向更真实的课堂需要。

这一单元主要刻画了刘和珍、白莽、柔石、"芦柴棒"、水生嫂、三仙姑、小二黑、小芹、黄新等人物形象，他们的身份可以分为三类：进步青年——刘和珍、白莽、柔石，普通劳动者——"芦柴棒"、水生嫂、三仙姑、小二黑、小芹，地下共产党员——黄新。三类人物虽然代表了不同的阶层，但表现了共同的主题：表达了劳动人民对美好生活的向往与追求。由于人物身份不同，他们经历的苦难与追求新生的道路也各异。

第二个问题主要是引导学生探析人物与事件所蕴含的精神实质，让思辨走向深入。进步青年有知识，有理想，面对如磐风雨，血战前行；普通劳动者"芦柴棒"、水生嫂、小芹三位女性虽所处时代不同，生活环境有别，人生经历各异，但她们揭示了妇女由苦难、觉醒到新生的历程，展示了妇女在时代风云中的改变与作用；黄新更是共产党员的杰出代表，在文中起到直接揭示我们党在中国由苦难走向新生的伟大作用。

第三个问题主要是引导学生课堂细读文章，让阅读回归到真实的课堂，回归到语文本身。东北师范大学崔允漷教授说："语文老师需要在'文'与'道'之间建立反思或悟的通道，搭建支架，提供反思或悟的机会与空间，引导或匡正学生反思或悟出来'道'。"笔者特别赞同这个观点，没有"文"的细读，又哪有"道"的潜移默化，濡染内化？

三、理性思辨，论证革命精神的当代意义

第二单元所写的人和事与学生的现实生活颇有距离，这虽是阅读的障碍，但更是培养学生"理性思辨"精神的机会。

只有合理地组织学生探讨、比较、实证大单元教学文本中所蕴含的革命精神的当代意义，才能真正实现艺术审美，达到立德树人的目的。

其中，同学们在阅读的过程中提出了不少疑问，可以归结为以下几个方面。

（1）对人物形象与故事情节真实性的质疑。

（2）对典型人物身上所闪耀的牺牲精神的现实性的质疑。

（3）对作家身上所散发的社会责任感与使命感的质疑。

这三个方面的问题实际上体现了关于本单元理性思辨的三个维度：作品的艺术性，文本的思想性，作家的价值观。

从1926年至1943年，本单元六篇文章跨越了中国新民主主义革命时期几个最重要的阶段——北洋军阀统治时期、大革命失败时期、抗日战争时期、土地革命时期，写出了五四新文化运动以来，在无产阶级政党——中国共产党领导下波澜壮阔的反帝反封建运动、抗日战争及土地革命中，人们民主意识的觉醒、爱国思想的成熟、革命精神的高涨。进步青年成长为革命烈士，普通家庭妇女、受剥削的工人成长为抗日积极分子，农村青年争取婚姻自由，这些都是有其历史发展逻辑与现实基础的。为了让学生能够体悟文学作品的真实性，我们采取了跨学科阅读的方式，让学生课外阅读历史书籍，通过历史真实理性思辨文学的真实。

虽然这些作品中记叙的事件已经过去快一百年了，但面对不期而至的苦难，在需要挺身而出的危急时刻，无所畏惧、勇于牺牲的中国人从来不会退避，当代生活中也有很多这样的"中国脊梁"，同学们列举了其中的一些代表

人物，如黄文秀、陈祥榕、刘捷、骆旭东等。

本单元研习任务中指出："阅读本单元的课文，结合具体内容，思考中国革命的伟大意义。在此基础上分组讨论：新时代的青年应该如何继承和发扬革命传统？"完成这一研习任务，学生不仅要对文本中塑造的典型人物进行理性分析，还需要联系现实辩证看待文本背后作家身上所闪耀的爱国精神与社会责任感。这样才能真正完成对本单元研习主题"苦难与新生"的彻悟。

新时代的我们是幸福的，互联网高速发展，人工智能日新月异，新媒体层见叠出……但与此同时也出现了很多较为消极的语词，这让很多青年学生对现实生活中的许多作者作品产生了怀疑。我们要批判性地看待这一问题，在新民主主义革命时期，在那个波澜壮阔的时代，许多仁人志士纷纷加入救亡图存、民主解放的革命运动中，凤凰涅槃，浴火重生。如鲁迅、夏衍、孙犁、赵树理、王愿坚，他们有的是那个时代的亲历者，是在血与火的洗礼中成长起来的无产阶级革命家，有的是通过自己的实地采访切身感受人民的苦难与新生，他们以笔为剑，针砭时弊，揭露黑暗，痛斥罪恶，歌颂英雄，呼唤光明，激励人们从苦难中觉醒，在斗争中前行，以牺牲迎接光明，以新生去创造瑰丽的明天。故而本单元六篇文章，不仅塑造了勇于承受苦难、敢于斗争、无惧牺牲的典型人物，而且每篇文章都饱含着作家浓厚的家国情怀，以天下为己任的责任感和使命感。这些正是令阅读者动容、仰止的地方。

完成了这三个问题，学生就达到了从"读文"入手，到"读人"出境的过程，完成了从语言文字审美到文化精神传承的研习目的。

"人们阅读小说，不仅仅满足于艺术的愉悦，更要追寻意义和价值。而要追寻小说的'意义''道理'和'价值'，除了感动、共鸣之类的体验活动之外，理性思辨恐怕不能缺席。"其实，不仅是小说阅读，所有文学作品的阅读，理性思辨都不应缺席。

参考文献

[1] 温儒敏. "学习"与"研习"：谈谈高中语文"选择性必修"的编写
　　意图和使用建议 [J]. 中学语文教学，2020（8）：4-12.

［2］余党绪.思辨性阅读：走向真知的必由之路［J］.语文教学通讯（高中），2018（9）：20-23.

［3］崔允漷.如何开展指向学科核心素养的大单元设计［J］.北京教育（普教版），2019（2）：11-15.

［4］褚树荣.理性思辨不能缺席［J］.中学语文教学参考，2017（1）：18-19.

高考考查要求下的古代诗歌教学

——高中语文古代诗歌教学例谈

《中国高考评价体系》提出，高考评价体系的"四翼"考查要求立足于素质教育应达成的内容表现与形式表现，是在高考中对素质教育进行评价的基本维度。它不仅是评价学生素质高低的基本维度，也是评价高考试题质量优劣的基本指标。它清楚地回答了考什么、怎样考的问题，也给普通老师的课堂教学指明了方向。因而，我们结合近三年新课标卷高考古代诗歌鉴赏题的命题特征、命题逻辑，回溯语文古代诗歌教学，真正实现"教—学—考"的一致性，促进学生核心素养的培养与提高，为学生的终身发展奠基。

一、高考考查要求的"基础性""综合性""应用性""创新性"

基础性包括学科内容的基本性、通用性以及情境的典型性。它要求以生活实践或学习探索中最基本的问题情境作为任务创设和基本知识能力运用考查的载体，对即将进入高等学校的学习者应掌握的学科基本概念、原理、技能和思维方式进行测量与评价。对于古代诗歌来说，它涉及的基本知识与能力其实是非常清晰的，主要包括三个方面：首先是修辞方面的常见知识，如比喻、拟人、对比、夸张、对偶等，这与语言的表达与运用密切相关。其次是表达方式与技巧，动静结合、哀乐对照、虚实相生等，不同的诗歌、不同的作家，其抒情达意的方式与技巧有很大的不同，要弄清楚这些知识，不仅需知人论世，还应有文本意识，根据具体的文本作具体的探析，这些都应属于基本知识方面的问题。最后是诗歌鉴赏能力的考查。诗歌鉴赏能力主要有意境分析能力、人物形象概括能力、诗歌情感与风格鉴赏能力以及诗歌审美理解能力等，这就涉及学生的综合性审美能力的考查。

综合性实际上就是知识与能力的融合与升华。没有知识的累积就无所谈综合，没有能力的融通就更谈不上综合性的体现。就像上面所说的，对诗歌意境的分析看似是各种知识的聚集，其实更是一种对综合能力的全面考查，要明晰诗歌的意境，就要准确把握诗歌的意象。能以意象为载体体会到诗歌意象所蕴含的情感或哲思，这一欣赏逻辑就已经具有很强的综合性。

应用性要求以贴近时代、贴近社会、贴近生活的生活实践或学习探索问题情境为载体，将陈述性知识与程序性知识的有机整合和运用作为考查目标，设计生产生活中的实际问题。近几年兴起的对诗歌进行文学评论就是对应用性的明确考查，是对所掌握的诗歌知识、培养的能力的一种应用，是输入之后的输出。

创新性要求创设合理情境，设置新颖的试题呈现方式和设问方式。考查载体与形式甚至内容的创新，对学生鉴赏诗歌的认知、思维、表述的创新性都提出了前所未有的要求。诗歌鉴赏是如此，2024年新课标Ⅰ卷中语言文字运用的一道仿写题也是如此，此题目难度不大，但学生若囿于思维定式，最终肯定难以写出满意的答案。

"电量已经触底，需要立即充电。"常用的充电方式，包括合理睡眠、适度运动、调整饮食等多种，其中睡眠最为重要。

文中第一段用"电"比喻人的精力体力，使用了借喻的修辞手法。请以"云"为本体写一个句子。要求：语意完整，使用借喻；借喻贴切，表达流畅。（5分）

文段中"电"是喻体，是暗喻手法，而考查是要以"云"为本体，运用借喻手法写一个句子，若学生不明白明喻、暗喻、借喻的区别，照葫芦画瓢，显然是不符合要求的。

这道题看似简单，其实把高考考查的"四性"体现得淋漓尽致，没有准确的知识积累和综合运用的能力，就很容易落入命题者所设的桎梏中。

二、近三年新课标卷的命题特征

从2022年至2024年，以《中国高考评价体系》为依据，高考古代诗歌阅读命题呈现出探索、调整、稳定这样的大趋势。

年份	诗题	表达技巧			语言	形象	内容	主题
		修辞	手法	方式				
2022 年	《醉落魄·人日南山约应提刑懋之》	—	—	—	—	—	望文生义	做人道理评价（主观）
	《送别》	—	情景	如何表现离愁别绪（手法）（主观）	—	—	望文生义	—
2023 年	《答友人论学》	用典	类比	—	—	—	望文生义	哲理思考（主观）
	《湖上晚归》	—	—	—	—	—	望文生义	审美评价（主观）
2024 年	《宿千岁庵听泉》	用典	对比	—	—	—	望文生义	—
	《雨后为山亭独卧》	用典					望文生义	白头心事（主观）

从上表我们可以清晰地看出高考古代诗歌阅读题的命题逻辑。首先，涉及必备的诗歌鉴赏知识。近三年在表达技巧上直接考查"用典"修辞手法的有三次，2023年Ⅰ卷涉及对孔子的弟子曾参和颜回的有关事迹的了解，2024年Ⅰ卷是对兰亭雅集的考查，2024年Ⅱ卷是对《滕王阁序》"等终军之弱冠""终军请缨"的考查。手法上还涉及情与景的关系，2023年Ⅰ卷选择题考查了类比手法，2024年Ⅰ卷主观题考查对比手法，2022年Ⅱ卷主观题主要是对表达技巧的

考查。其次，涉及对诗意的考查。客观题中用得最多的设误方法是望文生义，即不结合具体诗境，只是对某一个词或某一句话进行了曲解。主观题多考查诗歌主题，2022、2023年有对诗歌所含哲理的考查，2024年主要是对诗歌情感的考查，2022、2023年有审美评价的考查。

从以上考查形式与内容我们可以清晰地看到，高考考查重在基础知识的理解与运用上，如用典手法，这要求学生不仅要有一定量的知识储备，而且能够结合具体诗歌文本进行理解分析，否则就会望文生义。对诗歌内容的考查不是停留在内容的概括上，更多的是对所概括的内容作审美评价，突出了考查的应用性与创新性。

《中国高考评价体系》不仅给予高考命题者以明确的命题方向，更向一线老师指明了高考复习的方向，而语文基本能力的培养主要是来自课堂教学，因而从某种程度上说，新课标规定了应培养学生的核心素养，《中国高考评价体系》指明了应从哪些角度去落实，而教材、课堂教学才是落实的主阵地，它们之间统一起来，才能真正实现立德树人这个总目标。

三、诗歌教学中的命题意识

"合抱之木，生于毫末；九层之台，起于累土。"高考诗歌阅读的能力提升需要一个长期濡染的过程，若我们在高中语文诗歌教学中有意识地从高考评价体系出发，注重从高考命题意识的角度设计组织古代诗歌教学，不仅可以提高学生诗歌欣赏水平，更能有针对性地培养学生的语文核心素养，为他们欣赏诗歌、评价诗歌，最终审美化寻找诗意人生奠基。下面将以统编教材中的诗歌文本为例，谈谈诗歌教学中的命题意识。

《望海潮》是柳永歌咏钱塘的名篇，是选择性必修下册第一单元所选诗篇，文辞富丽，意境美妙，情感婉曲中含有深情，为学生熟读成诵的名篇之一。我们在引领学生阅读欣赏这首宋词时，应如何以高考评价体系命题为指引呢？

望海潮

东南形胜，三吴都会，钱塘自古繁华。烟柳画桥，风帘翠幕，参差十万人家。云树绕堤沙，怒涛卷霜雪，天堑无涯。市列珠玑，户盈罗绮，竞豪奢。

重湖叠巘清嘉，有三秋桂子，十里荷花。羌管弄晴，菱歌泛夜，嬉嬉钓叟莲娃。千骑拥高牙，乘醉听箫鼓，吟赏烟霞。异日图将好景，归去凤池夸。

——统编选择性必修下册第一单元

首先从表达技巧的角度对全词进行量化分析，可以组织学生完成下表。

类别	句子	手法	效果	感情
修辞手法	怒涛卷霜雪	拟人、比喻	波涛奔涌	对政通人和、家国安宁的赞美
	参差十万人家	夸张	繁华富庶	
	羌管弄晴，菱歌泛夜	互文	生活安乐	
	千骑拥高牙	借代	官民同乐	
	异日图将好景，归去凤池夸	用典	以"凤池"的典故，写出了政通人和的美政	
表达技巧	风帘翠幕	动静结合	生活安逸富足	
	云树绕堤沙，怒涛卷霜雪	动静结合	雄伟壮丽	
	三秋桂子，十里荷花	对仗	风光旖旎	

通过以上自主活动，可让学生熟悉此词运用了哪些修辞手法，使用了哪些表达技巧，从而能在阅读教学中对诗歌表达技巧形成明确的概念，并能接受和理解这些技巧所产生的表情达意的效果。因此，这样的活动既帮助学生积累了基础知识，又提升了学生的综合欣赏能力。

其次，可以结合具体诗句，让学生分析物象所营造的诗歌意境。

例如"有三秋桂子，十里荷花"，这一句可以称得上是《望海潮》中写得最美的一句，相传金主完颜亮读到这一句时顿起饮马江南之心，那么，我们可以引导学生探析这一句为何具有如此魅力。

首先，突破了时间限制，凸显了钱塘四季之美。桂花是在秋季开花，莲为夏天之尤物，二者本在不同季节开放，而词人打破了时间界限，将其集中在一个画面里，写出了西湖四时风光无限美好，令人向往。

其次，打破了空间的隔离，凸显了钱塘美得辽阔无垠。本句上半句与下半句构成了互文，不仅荷花漫无边际，桂花同样盛放于钱塘城的江堤巷陌。试想一下，置身于这样的风景之中，又有几人不流连忘返、迷醉其间。

再次，融通了触觉、视觉、嗅觉等感官形象，构成了自然与人的妙合无垠。三秋，在江南带有微凉的清爽；桂子，更多的是怡人的、淡淡的、令人欲罢不能的、清甜的、沁人心脾的幽香；十里，呈现在眼里的花一望无际，沁入心田的香绵柔不绝。此情此景又岂是言语可说明？

学生若能从这些角度欣赏诗歌名句，综合性应用能力一定能在潜移默化中得到提升。

最后，从创新性的角度，我们可以让学生化作柳永，到"望海潮"的情境中走一走，让他们谈谈漫步于桂香荷影中的感受。身临其境，一定是喜悦与赞叹，一定是对和谐安乐生活的赞美与渴盼，一定想成为美好生活的创造者与讴歌者。至此，古代诗歌教学与学生的情感体验产生了共鸣，千年前的诗人审美迁移到了今天的学生身上，美与情产生了，文化自信也油然而生。

这样既能培养学生的创新思维能力，又能提升他们在具体情境中体悟诗歌情感的能力，立足于高考评价体系的诗歌教学效果由此达到了。

四、诗歌教学中的深度增值

若我们能在《中国高考评价体系》的指导下进行诗歌教学，不仅能增强学生的知识的储备，提高学生诗歌欣赏的综合能力和应用能力，还可以在学生诗化人生上达到深度增值的效果。这既体现了诗歌教学的创新性，也对学生核心素养的提高大有裨益。人应该诗意地生活，提升学生核心素养的终极目的是提高他们生活的幸福指数。

讲《望海潮》，不仅是陶冶于美丽的风景，更重要的是理解诗人所赞美的政通人和的社会政治，没有当时的清明政治，又哪有钱塘城的富庶繁华。讲《扬州慢》渲染的是国破家亡的悲凉，两首词可以形成鲜明的对照，"过春风十里，尽荠麦青青"更多的是"黍离之悲"，同样是"十里"，同样是用典，其思想情感却大不相同，审美愉悦正好相异。爱国之情、家国之念由此产生。

于湖居士张孝祥在《念奴娇·过洞庭》中借洞庭夜月之景，抒发了自己"孤光自照，肝胆皆冰雪"的高洁忠贞和豪迈气概。

念奴娇·过洞庭

洞庭青草，近中秋，更无一点风色。玉鉴琼田三万顷，着我扁舟一叶。素月分辉，明河共影，表里俱澄澈。悠然心会，妙处难与君说。

应念岭海经年，孤光自照，肝胆皆冰雪。短发萧骚襟袖冷，稳泛沧浪空阔。尽挹西江，细斟北斗，万象为宾客。扣舷独啸，不知今夕何夕！

——统编必修下册古诗词诵读

《论语》有云："《诗》可以兴，可以观，可以群，可以怨。"若我们能以《中国高考评价体系》为指引，在激励学生打好诗歌阅读的基础时，引导学生以诗歌阅读为平台，对自我生活进行诗意省察与重构，对社会生活进行诗化创造与发展，诗歌考查与阅读教学不期然间就实现了深度增值。

参考文献

中华人民共和国教育部.中国高考评价体系说明［M］，北京：人民教育出版社，2019.

第二章

群文背景下的文言文联读策略

清尘独步千载上，名实谁可继其美

——《答司马谏议书》《石钟山记》"名""实"细读

高中语文必修下册《答司马谏议书》与选择性必修下册《石钟山记》同为唐宋散文八大家的作品，两者在内容与写作特质上有许多共同之处，尤其值得学生细品与思辨的是其中关于"名""实"的理性思考与审美认知。当代中学生若能正确理解"名"与"实"的内涵与辩证关系，传承"名"与"实"的文化精神，将对于他们树立正确的人生观、价值观，培养实证的科学精神十分有帮助。

《道德经》开篇即云："道可道，非常道；名可名，非常名。"其揭示了"名"内涵的深刻与复杂。庄子曰："名者，实之宾也。"（《逍遥游》）旗帜鲜明地表明了对"实"的推崇。荀子说："奇辞起，名实乱，是非之形不明……亦皆乱也。"（《荀子·正名》）可见弄清"名""实"间的辩证关系，理清"名""实"的逻辑顺序，不仅仅是一个哲学问题，更关系到政治清明、社会发展。因而借助课文联读，思辨"名""实"的现代意义十分必要，而这一点在很多教学设计与课堂教学中却鲜有提及，笔者就自己的课堂教学实践谈谈在教学中如何引导学生思辨"名"与"实"的当今意义。

一、名与实的内涵与外延

名，是指名分、名称，是一个外在的概念；实，指实质、实在，是既具象又抽象甚至变动不居的内在的事物。名与实的关系复杂、深刻，既有哲学上的辩证思考，更有政治学上的现实意义。名实相副，是肯定某人或某事物外在的名声与内在的实际是相匹配的，感情倾向是肯定；名不副实，是指外在的名与内在的实不相称，徒有虚名，含贬斥意。由此我们可以看到名和实是相互依存，相辅相成，互为因果。"盛名之下，其实难副""师出无名""名不正则言不顺"，这些都是说做人做事要符合社会约定俗成的名，否则就会激起公愤，最终不可能有好的结果。《世说新语·自新》有载："且人患志之不立，亦何忧令名不彰邪？"这两句是说人若有远大的志向，哪里担心美好的名声不彰显呢？有远大的志向，努力做出一番事业，美好的名声自然就会彰显。从这里，我们可以明白实才是名的根，名不过是实的叶，好的名声可以规范人的行为，勉励人努力向上、向善、向美。

从古至今，许多志洁行廉的人从不同的角度阐释了名与实的辩证关系，苏轼、王安石便是其中最有代表性的人物。

苏轼是十分看重名与实的，他多次以诗文的方式阐明了对名与实的辩证看法。

有名而无实，则其名不行；有实而无名，则其实不长。

——［宋］苏轼《策别安万民一》

名重则于实难副，论高则与世常疏。

——［宋］苏轼《谢馆职启》

《策别安万民一》阐明了名与实的依存关系：有名无实，则名声不能传扬；有实若无名，那实也难以流传长久。

《谢馆职启》关于名与实的论述其实是对自我的警戒和提醒：个人名望过大，难与实际符合，因而时刻要注意实至名归，名泽天下；非凡超俗的议论，常为世人所不容，自己的策论要有益于社会。

正因为名动京华、超群秀拔的苏轼在名与实面前慎终如始，他在政治的旋涡中才能不随波逐流，以民生为本，在命运的蹉跌中俯仰自如，一蓑烟雨任平生。

当今时代比王安石、苏轼生活的时代物质文明更丰富，精神思想更深刻，价值观念更多元，社会信息更芜杂，获取信息的方式更便捷，这就更需要我们正确对待"名"，踏踏实实去成就"实"。那么什么样的"名"才能显扬于当代，流芳于后世？怎样的"实"才可赢得生前身后名呢？只有造福于人民、有利于社会发展的实才可获得内心安暖和人们称誉；只有与人民幸福、社会进步相称的名才是心灵的绿洲和社会的标杆。这应是名与实评判的最有力的标准。面对纷纭的名，我们要批判性地认知与接受，循名责实。在工作与生活中兢兢业业，负重拼搏，集腋成裘，久久为功，取实与名。

如何循名责实？怎样取实与名？苏轼的《石钟山记》和王安石的《答司马谏议书》给予我们有益的启示与思考。

二、循名责实，知行合一

《三国志·诸葛亮传》："庶事精练，物理其本，循名责实，虚伪不齿。"这是《三国志》对诸葛亮的高度评价，也是后世处理"名"与"实"的准绳之一。"循名责实，虚伪不齿"，按着名称、名义去寻找实际内容，做到名实相副，对虚假的、不真实的事物应持鄙夷态度。《石钟山记》对于培养学生的实证精神，具有很强的示范作用。

石钟山，位于江西省九江市湖口县，长江与鄱阳湖交汇处。山体由石灰岩构成，因长期受到含有二氧化碳的地表水及地下水的溶蚀，形成了奇特的熔岩地貌。特别是山的下部受到江水湖水及地下水的冲刷溶蚀，山体下部几乎被掏空，呈中空之状，江水冲灌石孔中，形成声响。又因山体外形上尖下圆，孤峰处于江边湖畔的平原上，宛如洪钟覆地，故而命名为石钟山。从现代人的角度来看，石钟山得名缘由并不复杂，其考证过程也并不艰辛，但苏轼为什么要精思傅会，以精美的文字将其考证过程述于天下呢？其更重要的意义在于彰显循名责实、知行合一的实证精神与人格操守。

"事不目见耳闻，而臆断其有无，可乎？"这是东坡在《石钟山记》中的论断，"殆玉振而金声"，与以往总能给人快乐、精神超拔脱尘的文章大为不同。他在《黄州安国寺记》中说："得城南精舍，曰安国寺，有茂林修竹，陂池亭榭。间一二日辄往焚香默坐。深自省察，则物我相忘，身心皆空。求罪垢所从生而不可得。一念清净，染污自落。"《前赤壁赋》有言："客喜而笑，洗盏更酌。肴核既尽，杯盘狼藉。相与枕藉乎舟中，不知东方之既白。"《后赤壁赋》有言："'呜呼！噫嘻！我知之矣。畴昔之夜，飞鸣而过我者，非子也邪？'道士顾笑，予亦惊寤。开户视之，不见其处。"这些文章中展示出的是无端获罪、迁谪外地的坦然、释然，心无芥蒂，潇洒超然，而《石钟山记》的"可乎？"如奔雷骤至，发聋振聩，突显了苏轼对无端涯的"臆断"的怒斥，若从这一角度来审读《石钟山记》，就可以更进一步理解《石钟山记》的构思严谨、情景描写内涵的深刻。这绝非兴之所至，而是作者情郁于中的借题发挥，刻意宣泄。

循名责实，以实证名，"石钟山"命名之辨实在是一次不可多得的为自己证明、回击朝中"臆测"自己罪名的权臣的最合理的方式。故而，开篇作者即对石钟山得名原因进行了辩驳：郦道元的说法，人常疑之；而李渤的"自以为得之"，余犹疑之。为什么"疑"，苏轼准确指出郦道元是"以为"，为臆测之结果，而李渤更为可笑，得双石扣而聆之，"自以为"，两人阐释石钟山得名的原因都是出于主观上的臆断，缺乏科学的根据，因而不能真正解释石钟山得名的原因，可以说他们臆测的实不可能证"名"。

树立了批驳的靶子，旗帜鲜明地否定了郦道元与李渤的观点之后，苏轼自然而然地提出了自己证明的过程。这看似简单，其实充满了艰辛，正如苏子走过的人生。

开始寺僧派小童持斧，于乱石中择一二扣之，"余固笑而不信也"，表明了对自我立场的坚定与自信。为了探明石钟山得名的原因，苏轼特意等到暮夜月光明亮的时候去探查。这时，就有学生问："为什么白天不乘船去观察呢？"这实在是一个特别有意味的问题。经过质疑思辨，同学们最终达成了共识：首先，体现了苏轼的科学精神。白天喧嚣，实难循声追踪，夜晚世界宁静，可据声音判查发声方向，探明根源。其次，体现了苏轼的审美追求。游走于寂静的夜晚，可以任思想自由驰骋，无拘无碍地思考，心灵舒展，精神自由，这样的审美追求，不仅体现在《石钟山记》中，前后《赤壁赋》更是如此："唯山间之清风与江上之明月，耳得之而为声，目遇之而成色。""携酒与鱼，复游于赤壁之下。江流有声，断岸千尺；山高月小，水落石出。"夜晚可以抚慰他遭贬的失落、苦涩、郁愤……

对于石钟山夜晚四围的环境描写，可以说与苏轼众多写夜色的文段大不相同。

庭下如积水空明，水中藻、荇交横，盖竹柏影也。

——《记承天寺夜游》

少焉，月出于东山之上，徘徊于斗牛之间。白露横江，水光接天。

——《前赤壁赋》

月白风清，如此良夜何！

江流有声，断岸千尺；山高月小，水落石出。

——《后赤壁赋》

以上文段，夜色清朗，月光皎洁，良辰美景，令人心境沉静，超然脱尘，可《石钟山记》中的夜却是阴森恐怖，令人发怵。

大石侧立千尺，如猛兽奇鬼，森然欲搏人；而山上栖鹘，闻人声亦惊起，磔磔云霄间；又有若老人咳且笑于山谷中者，或曰此鹳鹤也。

大石如猛兽奇鬼，栖鹘声"磔磔"，鹳鹤声如老人"咳且笑"，静则静矣，但宁静中带给人的是毛骨悚然的恐惧，即使是超然坦荡如苏子亦心动欲还。但当大声扬起时，舟人大恐，诗人反而平静下来了，徐而察之，最终探明了石钟山得名的原因，水到渠成地推出了自己对生活的认知："事不目见耳闻，臆断其有无，可乎？"可以说，石钟山考证的过程，就是一段有惊无险的人生历险，既有期望，也有坎坷，最终是释然的美好乐音——周景王的无射、魏庄子的歌钟。而"正名"是贯穿于始终的旋律。

"事不目见耳闻，臆断其有无，可乎？"这一结论，可以说是对"乌台诗案"的质问，或者说是反驳和回答。元丰二年（1079），御史中丞李定全凭"臆断"强加给苏轼"四大罪状"：一是"始终不悔，其恶已著"，二是"傲悖之语，日闻中外"，三是"言伪而辩，行伪而坚"，四是"陛下修明政事，怨己不用"。更可笑的是，当朝副相王珪指控苏轼诗"根到九泉无曲处，世间唯有蛰龙知"（《王复秀才所居双桧》）是对皇帝"不臣"，更是典型的"臆断其无"，他根本就没有读懂苏诗。苏轼蒙"乌台诗案"的不白之冤后，被贬黄州，元丰七年再贬临汝，途中与子迈同游石钟山，抒发了以上议论，正是"乌台诗案"以后数年郁结心中不平之气的总爆发。苏轼吃尽了"臆断其有无"的苦头，几乎为此丧命。这时才得以借题发挥，得以从理论上对"乌台诗案"的制造者以质问，并对此案作出否定性的回答。笔者以为这才是《石钟山记》一文所深寓的思想意义。

苏轼以石钟山得名原因的考证为媒介，循名责实，向大宋的衮衮诸公昭示了一个"名实相副、知行合一"的大写的苏轼。

三、取实与名，实至名归

"良剑期乎断，不期乎镆铘；良马期乎千里，不期乎骥骜。"（《吕氏春秋·慎大览·察今》）对良剑的要求，希望它能斩断东西，不要求它是不是镆铘宝剑；对于良马的要求，希望它能迅速到达千里之外，而不在乎是不是有名的骥骜。王安石在《答司马谏议书》中就阐释了这样的名实观。

王安石在此文中开门见山就表明了名与实对于儒者认知事物的重要性："盖儒者所争，尤在于名实，名实已明，而天下之理得矣。"然后列举司马光对他的指责，树立批驳的靶子："以为侵官、生事、征利、拒谏，以致天下怨谤也。"主要分为四个方面，并用一词"怨谤"，坚定地表明对此指责的否定，不过是怨恨与诽谤。光有否定，若无论证则是无力的，王安石紧承以上四点进行了一一辩驳，"受命于人主，议法度而修之于朝廷，以授之于有司，不为侵官；举先王之政，以兴利除弊，不为生事；为天下理财，不为征利；辟邪说，难壬人，不为拒谏。"说明怨谤之名与自己为国之实是不相合的，自己并非欺世盗名之辈，而是怀有思国安危之忠心。

接着从反面说明哪些人为欺世盗名之人、沽名钓誉之徒："人习于苟且非一日，士大夫多以不恤国事、同俗自媚于众为善。"直指不思改革者乃不恤国事、同俗自媚之徒。可谓力敌千钧，最后表明了自己锐意改革的决心，"度义而后动，是而不见可悔故也。"

清代吴汝纶云："固由兀傲性成，究亦理足气盛，故劲悍廉厉无枝叶如此。"

"理足气盛"确可为王安石《答司马谏议书》的注脚，王安石变法绝非沽名钓誉，而是为了富国利民，因而行文干净利落，说理坦荡如砥，字里行间洋溢着"天变不足畏，祖宗不足法，人言不足恤"的政治家的襟怀与风度。黄庭坚言："余尝熟观其（王安石）风度，真视富贵如浮云，不溺于财利酒色，一世之伟人也。"

正是有"视富贵如浮云，不溺于财利酒色"的倨傲与高贵，有一心为国的奉献精神才有无惧怨谤之名的真实与骨髓，取实与名，实至而名归。

王安石在《上人书》中说："文者，务为有补于世用而已矣。"所以他在《答司马谏议书》中简练朴实地体现了他一贯的文学主张，十分明了地驳斥了司马光的质疑，并含沙射影地表达了对同俗自媚者的鄙夷，其用世之心、变法之意坚如铁石，不可动摇。

王安石与司马光虽然因政见不合最终分道扬镳，但二人都是光明磊落之人，均为北宋政坛、文坛上的伟大人物，他们为国为民的无私、敢于劝谏的执着、坚持自我的坦荡都值得后来者仰止。龙榆生先生评价他们，虽然政见不同，可是他们的出发点都是站在"福国利民"四个字上面，所以两人往复辩论，态度是光明磊落的。从公、私两方面讲，王安石、司马光均为中国历史上的大贤，所以绝交原因如王安石所言："而议事每不合，所操之术多异故也。"因此我们要引导学生，不应该先入为主，给他们贴上"变法派""保守派"的标签，站在教条的二元思维立场，简单地肯定一方然后全部否定另一方，甚至把他们丑化为京剧舞台上的大白脸奸佞蔡京、高俅之流。

在名实关系上，凡是承认名决定于实，实是第一性，名是第二性的即属于唯物论阵营。凡是坚持名决定实，名是第一性，实是第二性的即属于唯心论阵营。只有坚持哲学基本问题，才能真正把握名实之辨的本质。在今天，引导学生深刻辩证与理解名与实的内涵意义也十分重大。

前面提到"名正，言顺，事行"，"名正"是放在首位的，那么什么是名正呢？即在促进自我发展的同时更要符合人民的利益，有利于国家的发展，"致广大而尽精微"，这样的名才是青少年应奋力追求的。若所做的事损害国家利益，不利于社会发展，那就是欺世盗名，是沽名钓誉，最终不仅不可能获得好的名，甚至可能走上人民的对立面，遗臭万年。

青年共产党员黄文秀为了家乡脱贫致富，毅然放弃了留在大城市生活的机会，来到乐业县新化镇百坭村担任驻村第一书记，后来在岗位上献出了宝贵的生命，被评为"感动中国2019年度人物"，这样的名值得我们追求。现实生活中还有更多平凡而又普通的人在为社会发展而默默地奉献着青春与汗水，这样的实值得我们去践行。

在互联网发达的时代，成名之响嚣嚷喧腾，此起彼伏，有许多青年人借助抖音、今日头条等线上平台一夜成名，然后利用这"名"进行带货，赚取眼球，谋取利益，可是他们大多数名不副实，结果是昙花一现，竹篮打水一场空，耽误了青春，留下一地鸡毛。

"清尘独步千载上，名实谁可继其美。"愿我们能引领学生正确对待名与实，引导他们做名副其实的新时代新青年。

参考文献

［1］牛宝彤.《石钟山记》浅谈［J］.北京师范大学学报，1990（2）：111.

［2］上海辞书出版社文学鉴赏辞典编纂中心.古文鉴赏辞典珍藏本［M］.上海：上海辞书出版社，2012：1599.

［3］陈其泰.中国史学史：第六卷［M］.上海人民出版社，2006：255.

［4］刘笑天.学习《答司马谏议书》需要厘清什么：兼论立体化语文学习［J］.语文教学通讯，2019（12）：50.

［5］葛晋荣.先秦"名实"概念的历史演变［J］.江淮论坛，1990（5）：76.

情爱旧曲，灵魂新歌

——《氓》《孔雀东南飞》审美化阅读

选择性必修下册第一单元要求围绕"诗意的探寻"展开研习，品味诗歌之美，感受古人的哀乐悲欢，把握诗歌蕴含的文化精神，认识古典诗歌的当代价值。本单元两首诗《氓》《孔雀东南飞》"感于哀乐，缘事而发"，叙写的都是人间最普遍的情感体验——情爱、婚姻，但由于时代与人物个体的差异，其审美特质相似中又有别样的韵味。若我们重组两篇文章，对其进行审美化深度阅读，不仅能比照辨析它们的异同，更能在语言文字的品赏中提高学生的审美素养，培养自觉的审美意识和高尚的审美情趣，从而达到文化传承的目的，实现古典诗歌的当代价值。

男女之间的情爱是人类最普遍的情感，《诗经》中不乏对男女之情的描写，如初中学段学过的《秦风·蒹葭》《周南·关雎》，《蒹葭》侧重表达的是"在水一方"的怅惘，《关雎》表现的是相思与追求的热烈，高中语文教材必修上册古诗词诵读《邶风·静女》中也只有等待静女时的甜蜜。《氓》虽然也是谱写情爱的旧曲，但伴随着婚姻走向破裂的过程所展示的女性对独立人格的追求、自由意识的觉醒却昭示着一个新的生命的诞生；《孔雀东南飞》中刘兰芝在爱情中挣扎、向死而生的悲壮如同一道闪电，给寂寂长夜一抹黎明的微光。《氓》《孔雀东南飞》虽诞生于不同的时代，却如同一枚硬币的两面，合而为一，共同彰显古代女性灵魂觉醒的轨迹，谱写出一支警醒后来者的生命觉醒之歌。

一、看似有情最无情

（一）氓、焦仲卿，看似有情最无情

意大利历史哲学家克罗齐曾提出："一切历史都是当代史。"《诗经》诞生的时代，是一个百家争鸣、百花齐放的时代，封建专制制度尚处于初创阶段，"劳者歌其事，饥者歌其食"的现实主义传统可以让我们感受那个时代男女之间较为自由奔放的爱恋。《诗经》开篇之作《周南·关雎》中的"窈窕淑女，钟鼓乐之"写出了一个男子对喜欢的女子的疯狂追求；《秦风·蒹葭》直白地写出了男子求而不得的失落与怅惘；《邶风·静女》生动地描绘了青年男女幽会时的浪漫；《郑风·褰裳》中的"子不我思，岂无他士？"写出女子对男子的娇嗔。这些奔走两千多年的文字，是带着质朴纯美的情愫扑面而来的，引出现代人无尽的遥想，如庄之蝶梦，分不清是先秦还是现代，是现代还是先秦。

《氓》以弃妇的身份讲了一个始乱终弃的故事，虽然我们不能单凭女子的讲述而客观地评价爱情中的是是非非，但青梅竹马而劳燕分飞的结局总是让人唏嘘，我们从中可以看到"氓"的情感裂变。"蚩蚩"是他表面的忠厚，借贸丝而求婚显示了他的狡黠；"无怒"虽为女子的敏感，但也为后文的婚变埋下了伏笔；而"尔卜而筮"更是情感走向的隐喻，真爱居然需占卜去衡量。"蚩蚩""无怒""卜筮"三个词已经宣告了婚姻的宿命：看似有情却无情，"总角之宴，言笑晏晏"的欢欣抵不住似水流年的剥蚀。

《孔雀东南飞》焦仲卿是有情的，当他听闻了兰芝的申诉后当即告诉母亲"结发同枕席，黄泉共为友"，随着事态的发展最终"自挂东南枝"，他以生命实证了爱的承诺，留给世人"天长地久有时尽，此恨绵绵无绝期"的慨叹。但这种有情却是以两个鲜活的生命为代价，以焦仲卿错位的情感绑架为驱动力而达到的。所以，我们可以说，焦仲卿的有情导致了最悲凉的无情。

焦仲卿面对母亲的逼迫，本质上是消极甚至带有逃避色彩的，看不到他为改变兰芝的处境而采取的积极措施，相反，每一次与母亲的沟通都让问题变得更复杂糟糕。

第一次与母亲沟通，以"何意致不厚"激怒了母亲后，他进一步以"今若

遣此妇，终老不复娶"来威胁母亲，然后在母亲的威逼下打发兰芝回家，而自己潇潇洒洒地到府中上班，并给予了兰芝一个无力的承诺甚至可以说是情感上的索求："以此下心意，慎勿违吾语。"再与兰芝送别时，依然只有情感上的要求"誓天不相负"，看不出仲卿为改善兰芝的处境有过何种积极的努力。

当仲卿听闻兰芝改嫁的消息后，他急匆匆地赶往兰芝家，二人相见不是安慰，而是指责"贺卿得高迁！磐石方且厚，可以卒千年；蒲苇一时纫，便作旦夕间。卿当日胜贵，吾独向黄泉！"刻薄的讽刺，无理的指责，无能的决绝，如同投向兰芝的利刃，又如抛向兰芝的绳索，剜着兰芝的心，绑着她的情，"只身缚清池"，情急而话冷，只能说明焦仲卿与刘兰芝情的隔膜，爱的虚无，看似有情最无情，无情人的伤害让人愤恨，有情人的指责令人绝望。

孙绍振先生也谈到了错位的问题："关系越是亲密，心理情感的距离越是扩大，后果越严重；'错位'幅度越大，越具有悲剧性，人物也就真有个性。"

正是焦仲卿的冲动任性激化婆媳矛盾，坚定了焦母逼走媳妇刘兰芝的决心；刘兰芝被遣回娘家，焦仲卿缺乏主动挽救的主见与作为，怯懦回避矛盾，放任事态滑向悲剧深渊，硬生生把婆媳之间的普通摩擦变得不可收拾。焦仲卿既是悲剧的受害者，也是悲剧的触发人。

氓的无情、焦仲卿的"有情"，实为一体两面，但焦仲卿的有情更让人恨意难平，因为他绑架了另一个年轻而美丽的生命。

（二）兄弟、"亲父兄"，亲情错位亦凉薄

《氓》中的女子婚姻破裂之后，回到了家里，等待她的是"兄弟不知，咥其笑矣"。应该说生命中除了父母之外，至情之人则是兄弟姐妹，可兄弟为什么要毫无顾忌地讥笑她呢？仅仅是"不知"吗？首先我们要弄清"不知"的内涵，据文中可知，应是兄弟不知她三年来的艰辛，不能接受她被弃的事实，联想到她当初在没有良媒的情况下自主答应了氓的求婚，她在没有听从家人的劝告下带着自己的财物嫁给了氓，可今天失败的婚姻正成了兄弟们验证他们当初忠告的证明，故而会毫无顾忌地讥笑。这是从女子的角度揣想，当然也说明了结果可能就是这样，女子期待家人的安慰，可是得到的可能只有讥笑。兄弟的讥笑成了"躬自悼矣"的助推剂，兄弟的无情让女子更能静心反思，走向独立。

而《孔雀东南飞》中的兄弟则严酷得多，先是侧面介绍："我有亲父兄，性行暴如雷，恐不任我意，逆以煎我怀。"后又正面描写："阿兄得闻之，怅然心中烦……"

两首诗中为什么都没有出现父亲的角色？或许是父亲的缺位更显兄弟的无情，亲情的薄凉，从而凸显男权社会中女性地位的卑微，更写出了女子心中的不平。

《礼记》记载："妇人者，从人者也。幼从父兄，嫁从夫，夫死从子。"当然，由于时代的不同，礼乐制度的完善情况有异，《氓》中的兄弟"咥其笑矣"，以讥笑来表达对弃妇的鄙夷，他们成了鲁迅先生笔下最令人生厌的落井下石的旁观者。到了汉代，夫权制度进一步完善，兄长已有决定妇女命运的权力，家里虽有疼爱女儿的母亲，但在兄长"怅然心中烦"的情境之下亦无可奈何，从而十分鲜明地说明了夫权的压迫。说到这里，也许有人会问，焦家也没有出现父亲，作为儿子仲卿为什么没有决定自己婚姻的权力。这是性格的悲剧，仲卿的懦弱与愚蠢断送了两个人的生命，也让当时社会倡导的"孝"绑架了他的行为，所以这也是上文说焦仲卿看似有情最无情的原因之一。

亲情应是当代人心中最神圣的情感，家应是心灵最后的栖息地，可是，在一个价值借位的时代，亲情却是如此薄凉。

就像刘兄所期待的"不嫁义郎体，其往欲何云？"当荣华富贵成了衡量婚姻好坏的标尺和家族兴衰的标准，女子婚姻的失败就成了家族的羞辱，兄弟咥笑、哥哥烦闷顺理成章，而理解与尊重确为稀有。

（三）焦母、刘母，悲凉人生的双重角色

由于不同的家庭背景，焦母、刘母在兰芝婚姻悲剧中的表现各有不同，但都是悲剧形成的推手，焦母只不过在台前，而刘母则摇摇摆摆行走在幕后。

细读文本，我们可以确定，焦仲卿出自一个小小的仕宦之家。从文中"君即为府吏，守节情不移""汝是大家子，仕宦于台阁"可知，焦仲卿是太守府中的一个小小的官吏，按照汉魏"上品无寒门，下品无世族"的社会现实，焦家应是一个还没发达或曾发达过却业已凋零的小仕宦家庭，这样的家庭对于人伦之风特别严谨，汉魏以孝治天下，故而孝在这样的家庭中具有无可比拟的地位。从文中可以看出，焦父可能早已没去，只有一个小妹妹，因而在孤儿寡母

相依为命的官宦家庭中，焦母于生活的磨炼及家庭规严中养成了唯我独尊的专制，主导着家庭，也主导着焦仲卿的婚姻。因而在焦仲卿失败的婚姻中她是绝对的主导者。

我们再来看刘家，兰芝在辞别焦母时说"生小出野里，本自无教训"，虽说含有自谦的成分，但也不能不说是真实身份的介绍，说明刘家为乡野人家，但其家庭并不贫穷，文中说兰芝"十三教汝织，十四能裁衣，十五弹箜篌，十六知礼仪"，说明兰芝受过良好的劳动、音乐及礼仪教育，不仅貌美，而且才佳。在汉魏时代，一个出自乡野人家的女子能够接受如此良好的教育，能说明她家庭条件很好，是一个门第层级不高却十分富足的家庭。并且从文中也可以看出刘父亦不在人世，非仕宦而又十分富贵是需要男人努力的，门第较低其"孝"的家庭传统亦较淡薄，因而在刘家兄弟拥有更多的话语权，刘母更多的是起一个调和家庭内部关系的角色。

因而，当兰芝中途回家时"阿母大拊掌，不图子自归"，夸张的动作、脱口而出的惊讶之语，一方面表现了刘母的悲伤，另一个方面深层次地揭示了刘母所受到的教育与个人的涵养，缺乏封建大家庭主家妇女的沉稳与冷静。而对刘兄的描写更说明其受礼教的熏陶与濡染欠缺。兰芝说，"我有亲父兄，性行暴如雷，恐不任我意，逆以煎我怀"，从侧面说明了其兄的粗暴与专制。"阿兄得闻之，怅然心中烦，举言谓阿妹"，"怅然"即因妹不愿攀龙附凤而失落，"烦"体现了其兄缺乏涵养，"举言谓"即直言不讳，是专制的外露。从这些细节的品读中，我们可以清晰地探寻到刘家的家庭情况、刘母在家庭中的地位以及兰芝回家之后的境遇。正是这种家庭实情使刘母在女儿的婚姻上缺乏话语权，虽然出于母爱天性，她同情自己的女儿，但由于自己受教育的程度不深，故而并不真正理解女儿，甚至在儿子的"威权"下，母亲反过来催促女儿为再嫁早做准备："何不作衣裳？莫令事不举！"希望女儿能拥有一个成功的第二次婚姻，从而间接把女儿推向了生命的尽头。

同为女性，她们既是时代的受害者，又把后来者逼上了更悲惨的人生之路，因而我们说焦母、刘母扮演着悲凉人生的双重角色。

二、人间自是有情痴

幸福的家庭都是相似的，不幸的家庭各有各的不幸，《氓》中的女子、《孔雀东南飞》中的刘兰芝都是悲剧婚姻的牺牲品，但她们的痴情又因时代与个性的不同而显示出令人迷醉的别样风采。

（一）《氓》中女子，素朴时代的清醒者

"死生契阔，与子成说。执子之手，与子偕老。"一部《诗经》，就是一曲歌咏爱情的千古绝唱。

《氓》中女子与氓可谓青梅竹马，两小无嫌猜，"总角之宴，言笑晏晏"，他们是少年时代的玩伴，"信誓旦旦，不思其反"，他们是青少年时代的恋人，正是如此，女子不顾家庭的反对，与氓暗定婚期，并在"泣涕涟涟"与"载笑载言"的热恋中不顾一切地嫁给了氓。文中"子无良媒"说明家庭没有同意他们的婚姻，后来"兄弟不知，咥其笑矣"也说明她的婚姻是没有家庭祝福的，氓家只是一个相对贫困的家庭，"三岁食贫""靡室劳矣"就是证明，即使在这样的境遇中女子依然"女也不爽"。

可是，女子明显感受到婚后氓的变化，她虽是婚姻的亲历者，亦是婚姻的反思者，品读原文，我们可以看出女子一直在以女性的角度去评判自己的婚姻与爱情。"于嗟女兮，无与士耽。"她敏感地体察到现实与自己期待的婚姻背向而驰。"士也罔极，二三其德。"她十分冷静地评判氓的人品，这是彻骨痛恨之后的清醒。"及尔偕老，老使我怨。"女子清醒地认识到，与氓相处得越长久，受到的伤害只会越深，这是反省后的觉醒。

氓中的女子虽然是一个普通的劳动者，但她除了柔情之外，更有基本的人格尊严，正是这一份对自我人格的维护让深陷婚姻泥潭的她保持了一份难得的清醒与反省。

（二）刘兰芝，专制时代的抗争者

刘兰芝与《氓》中女子还有很大的不同，她生长于一个富足的家庭，接受过良好的教育，因而对自我人格和尊严的维护更加自觉，更为主动。

"非为织作迟，君家妇难为"，她十分清醒地认识到焦母对她的不满，"妾不堪驱使，徒留无所施，便可白公姥，及时相遣归"，她也意识到与焦母

的矛盾不可调和，因而主动要求被休回家。

在与焦母告别时，她不卑不亢；在与小妹告别时，情动于中，不能自已；离开焦家时，更是涕落百余行。二三年的耳鬓厮磨，兰芝对焦家是有感情的，但兰芝决不会因屈辱的情感而失去人格与尊严，这是她清醒的地方。

当县令第三郎派人求婚时，她坚守了和焦仲卿之间的誓言；当郡守家为第五郎而来说媒时，她在兄长的质问下表面上答应了，后来在母亲的催促下，她开始准备自己的嫁衣，但整个过程都充满了伤感的愁绪，"手巾掩口啼，泪落便如泻""愁思出门啼"，她不是在准备新嫁衣，更多的是在等待与焦仲卿最后的告别……

三、生死别样情，彰显自由魂

《诗经》展现的时代确实是一个令人神往的时代，这里有"蒹葭苍苍，在水一方"的浪漫，也有"子不我思，岂无他人？"的自信。《氓》中的女子面对"一地鸡毛"的婚姻，经过深刻的反省，她不再愿意以人格的屈辱为代价去维系情感破裂的婚姻，而是以清醒的姿态选择离开，"反是不思，亦已焉哉！"虽有几分无奈与伤感，但谁说这样的舍离不是一种新的开始呢！

而生于汉魏的刘兰芝就没有这样的幸运，她自以为碰到了一个与她一样痴情的人，谁知这个人只是将她绑上了情感的马车，焦仲卿并不懂她，哪怕是她赴死的决心。府吏与她最后的见面，不是宽慰，而是指责，甚至是以死亡为绑架，在府吏的指责下，兰芝立下了"黄泉下相见"的重誓，最后举身赴清池，用生命实现了自己对人格尊严的坚守，对专制制度的控诉。兰芝，是专制时代的勇敢的抗争者。

《氓》中的女子给我们留下了无限的遐想与期待，我们希望她遇到真正爱她的人，拥有一个幸福的未来。而刘兰芝留给我们的是无尽的遗憾，是将美好的事物毁灭了给人看的悲剧，刘兰芝还有新的路可走吗？再嫁，就要承担违背誓言的骂名；坚守在家，就要忍受母亲与兄长的冷暴力……

生存还是死亡，这是一个问题。裴多菲给了我们明确的回答："生命诚可贵，爱情价更高，若为自由故，两者皆可抛！"这应是人类共同的审美追求。

参考文献

[1] 孙绍振.月迷津渡：古典诗词个案微观分析［M］.上海：上海教育出版社，2012：32.

[2] 赵文建.试说焦仲卿的任性怯懦与缺乏主见［J］.学语文，2023（5）：69.

由小事入，由深理出

——《种树郭橐驼传》《石钟山记》的说理艺术摭谈

统编教材高中语文选择性必修下册第三单柳宗元的《种树郭橐驼传》与苏轼的《石钟山记》相比，《种树郭橐驼传》属于寓言体说理文，以人物传记的形式，讲述寓言故事，说明治民的道理，而《石钟山记》是一篇游记散文，虽然两者文体有所不同，但都阐明了社会生活中我们应持有的认知事物的态度。两篇文章篇幅虽短，但论述的道理却发人深省，具有广泛的社会意义与思维认知价值，深入浅出，充分体现了"由小事入，由深理出"的说理艺术，值得深味细品，研习仿效。

一、种树如理政，事小而意深

作为唐宋八大家之一的柳宗元，其说理文颇具特色，尤擅长以寓言故事来说明道理，委婉地表明自己的政治主张，颇具现实针对性。如《黔之驴》以寓言的形式说明能力与形貌并不成正比，外强者往往中干；假如缺乏对付对手的本领，那就不要将自己的才技一览无余地展示出来，以免自取其辱。文章旨在讽刺那些无能而又肆意逞志的人，影射当时统治集团中官高位显、仗势欺人而无才无德、外强中干的某些上层人物。全文笔法老到，造诣精深，既揭示了深刻的哲理，又塑造了生动的形象；不仅给人以思想上的启示和教育，而且给人以艺术上的享受和满足。而《种树郭橐驼传》在此基础上更进一步，寓寓言之质于传记之形，借市井奇人异事来说明理政治民之理，可谓精思傅会，言近旨远。

　　为普通人作传，《史记》已开先河，如《滑稽列传》，写三位滑稽人物——齐人淳于髡、楚人优孟和秦人优旃，写他们善于进谏，写他们的善良与仁爱，但列传标题只是突出了他们与众不同的"滑稽"的特殊社会身份。《种树郭橐驼传》则不同，在标题中就限定了郭橐驼的职业。"种树"，是一项平凡而普通的职业，甚至是人人皆可做的事情。每当春暖花开，中华大地就会掀起植树的热潮，从古至今，上至耄耋老人，下至黄毛竖子，皆可谈论一二。"种树"实为生活中最平常不过的小事，可唐宋古文大家为了表明所写之事非小事，在标题就与前人传记文有所不同，不仅是为一个平凡的郭橐驼立传，而且在文题中特意表明了他的职业，不过就是一个种树的人而已。这看似微不足道，其实颇具匠心。

　　为了突出郭橐驼的平凡普通，作者行文伊始就告诉读者：郭橐驼，不知道他起初叫什么名字。他患了脊背弯曲的病，脊背突起而弯腰行走，就像骆驼一样，所以乡里人称呼他叫"橐驼"。这是说，"郭橐驼"是一个放之四海而皆是的人，无名无姓，只以他的外形特征作为他的名字。苏轼在《病中闻子由得告不赴商州三首》中写道："惟有王城最堪隐，万人如海一身藏。"郭橐驼虽为平凡普通的种树人，但其幽微的身份其实暗含着不平凡，"驼"本为病痛造成的畸形的身体状态，韩非子《扁鹊见蔡桓公》中就说明了讳疾忌医是人的通病，哪怕是贵为一国的君主，但郭橐驼却能坦然面对自己的疾痛，当乡人号之"驼"时，他说："甚善。名我固当。"若非明达睿智的人，又怎能有如此坦荡自信的生活信念，所以我们可以说橐驼就是隐于皇城长安西丰乐乡的一个聪达颖慧的人，他游走于豪富之家，取养于种树卖果者之流，种树是他有形的职业，而对民生疾苦的体察是他无形的责任。郭橐驼如同居江湖之远则忧其君的士子，既能从种树中总结出治世的规律，还能把它阐述清楚，将实践经验上升到理政的理论高度，又岂是一个凡夫俗子所能做到的？柳宗元不是在给种树的郭橐驼立传，而是在给一个隐居皇城以种树来谏政的士子立传。

　　《史记》中的人物传记不多是这样的奇人异士吗？《滑稽列传》中颂扬淳于髡、优孟、优旃一类滑稽人物"不流世俗，不争势利"的可贵精神及其"谈言微中，亦可以解纷"的非凡讽谏才能，他们出身虽然微贱，但机智聪敏，能言多辩，善于缘理设喻，察情取譬，借事托讽，因而其言其行起到了与"六艺于治一也"的重要作用。借普通人表达对社会的鞭挞，对民族深层国民性的揭露，鲁迅先生可以说深得其精髓。最典型的莫过于其代表作《阿Q正传》，阿Q无名无姓，不小心姓了一回赵，反而是遭到赵秀才的毒打，他的名字阿Q是平凡、苦难的人生的最好明证。"阿"是对普通人的称呼，如阿猫、阿狗，阿Q是清末民国初年社会转型时最底层民众的画像，鲁迅先生以无名无姓来表达对底层劳动人民精神状态的摹画，揭示出最深沉的忧思，国民性是一个民族兴盛或衰败的根本。鲁迅先生同样从小事入，揭示国民性改造这一重大的社会问题。

当有人问囊驼："以子之道，移之官理，可乎？"驼曰："我知种树而已，理，非吾业也。"以主客问答形式表达自己的政治见解是中国传统文学最常用的方式，司马相如的《上林赋》是如此，苏轼的《赤壁赋》亦是如此，柳宗元亦不过借驼囊之人表达自我政治观点而已，从小事入，从深事出。

二、记游以求真，事微而理深

由于时代与志趣的不同，苏轼与柳宗元的散文当然有诸多不同的地方，但同为唐宋八大家，两者散文又有许多相承继的地方：摒弃六朝以来的浮华文风，文辞朴质，内容生活化，善于以小的故事来寄寓大的道理。《石钟山记》以一次父子游历来阐明认识事物的道理，看似平常、平淡，却意趣盎然，理趣纵横，正如茅坤在《唐宋八大家文钞·东坡文钞》卷一百四十一中所说："风旨亦有《水经》来，然多奇峭之兴。"

文章开篇虽树立了批驳的靶子，表明了自己的疑问，但从第二段起，洋洋洒洒，信手拈来的却是叙述游历的过程。苏轼从齐安郡乘船到临汝，长子苏迈将到饶州德兴县作县尉，因送苏迈而到湖口，乘此机会到石钟山走了走。叙事简练，文笔淡雅，给人以漫不经心、随兴所至的洒脱。游历石钟山只不过是与儿子一次偶然的生活小事，并非特意为之，较有烟火气味。

当然，苏轼到了石钟山一定会顺势解除石钟山得名的疑惑，这也是人之常情。正是有此常情，故而寺僧使小童持斧，于乱石间择其一二石扣之。对此常情，苏轼回以"固笑"，轻松自如又不失执着，风轻云淡但又兴趣盎然。也正是有这份执着与兴趣，才使苏轼独与苏迈在"暮夜月明"的时候乘坐小船，到绝壁下考察。

　　第二段起势较为平易、朴质，至月夜绝壁下的环境描写时，就凸显了一代文豪苏轼的语言功力与审美境界。

　　文章综合运用了多种修辞手法写景，写景由近及远，化静为动，动静结合，立体地呈现了夜幕下的石钟山阴森恐怖的景象。"大石侧立千尺，如猛兽奇鬼，森然欲搏人"，既有夸张，也有比喻，着一"搏"字，化静为动，写出了月夜绝壁给予人的心理压迫；山上有栖鹘惊起，于云霄间鸣叫，山谷中有像老人一边咳嗽一边笑的声音，莫不令人毛骨悚然。从审美角度来看，此段环境描写也带有苏轼个人的审美风格，场景阔大，意境雄浑，张扬着豪放旷达的审美体验。苏轼也没有逃脱常人处于险境而害怕的桎梏，"方心动欲还"，说明苏轼在这样的环境中依然有几分害怕，而正是这份害怕写出了苏轼的真性情，把他能在夜幕下探寻石钟山得名缘由的可贵精神衬托得辉光熠熠。听到"噌吰如钟鼓不绝"的声音，船夫十分惊惧，苏轼却镇定自若，慢慢地去观察水声是从什么地方产生的，最终，弄清了水声产生的原因。苏轼不仅没有惊惧的心理，反而感到欣慰畅快，听到的水声不再是那么可怕，而是感觉像音乐一样美妙，可与周景王的无射钟、魏庄子的歌钟发出的声音相媲美。

　　苏轼不无自豪地说："郦元所见闻，殆与余同，而言之不详；士大夫终不肯以小舟夜泊绝壁之下，故莫能知；而渔工水师虽知而不能言。此世所以不传也。"这一段话可分为三个层次：郦道元的观点是正确的，但言之不详，得不到认可；士大夫不肯实地考察，故而只能坐而论道，臆断有无，若治国理政如此，是极其可怕的；而渔工水师在当时一般缺少文化知识，难以用文字表达自己的见闻，故而即使知道真正的原因，也难以著述成文，在社会上流传。郦道元为北魏时期著名的地理学家，其所撰《水经注》也是公认的杰出的地理学著作与游记小品文，他在记游石钟山时不详细是可以理解的；渔夫船夫们由于识字的局限，难以记述成文流传开来，也是情有可原的；可是立于朝堂之上，关联天下苍生幸福，处于江湖之远心忧大宋君王的士大夫缺失调查考证精神，就极其危险了。由此我们不禁思考：苏轼著《石钟山记》难道仅仅是为了弄清一个地方的得名缘由吗？这也是后文所要探讨的内容。

　　苏轼不仅弄清楚了石钟山得名的原因，而且通过自己的实地考证批驳了许多错误的认知，真正说明"实践是检验真理的唯一标准"这一科学论断，正如伟大领袖毛泽东所说："没有调查，没有发言权。"因而在整个记游辩理的过程中，苏轼是轻松愉悦、潇洒出尘的，他"固笑"是对自我的坚信，"笑谓迈"是对天下人的告诫，"笑李渤之陋"是对像李渤那样趋炎附势、仰人鼻息、失去自我的衣冠士族们的嘲讽与警戒。

若从这个方面细读，我们不难发现，《石钟山记》不只是为了辨明石钟山的得名，更是一场关于"名与实"的深入探讨与公开宣告。

北宋名臣，神宗朝的改革设计师王安石在《答司马谏议书》中说："盖儒者所争，尤在于名实，名实已明，而天下之理得矣。"可与苏轼命运息息相关的王安石真正懂得什么是"名与实"吗？在苏轼的心中，答案可能是否定的。

正如北师大教授吴欣歆所说："《石钟山记》写在元丰七年（1084），苏轼已经看到了新法的利弊，认为应该'较量利害，参用所长'。苏轼政治上的波折，与他对新法用与废的观点密切相关。写作《石钟山记》的时候，他经历了'乌台诗案'的磨难，但他依然主张目见耳闻，依然坚持目见耳闻之后得出的结论，依然能志得意满地表达自己的观点，这种深刻的认知与率性的真实，是否能引发学生更多的思考？"

一次短暂的游历，再次实证了作者坚信不疑的认知原则——"事不目见耳闻，而臆断其有无，可乎？"这既是对苏迈的提醒，对自己的勉励，更是对与他关于名实辩驳的衮衮诸公的宣告，可以说事小理深、言近旨远。

三、见微知著，片言据要

《石钟山记》是苏轼借为石钟山正名来宣泄对神宗皇帝听信谗言而不进行细致研究，就将其贬谪黄州的不满，也是对李定、何正臣、舒亶等奸佞小人的抨击与否定。王林老师在《〈题西林壁〉和〈石钟山记〉写作意图一致性考辨》中的论述进一步将《石钟山记》由游记散文的体征引向借游以寓治事的议论性散文的深入探析。其实由《石钟山记》的行文逻辑我们也可以明晰地判断记游不过是苏轼寓理的手段而已，其真正目的不过是借石钟山得名缘由考证婉转告诫大宋的士大夫们，经世济民，一定要深入考察世道民情，见微知著，方可致君尧舜，河清海晏。

苏轼向来主张"文章以华采为末，而以体用为本"。"体用"即作品的思想内容与社会功能，"体用为本"是指文学作品应发挥其独特的批判和济世功能，成为救治社会的良药，起到有益于社会的教化作用。为了实现借记游以消解胸中块垒、表达济世情怀的功能，《石钟山记》一反前人游记写景抒情的写作范式，以驳论开篇，以立论缩结，旗帜鲜明地表明了自己记游以寓理的写作目的，篇幅虽小，意旨极大，可谓片言据要，小事深理。

文章第一段非介绍游记的时间、地点、人物，而是直写石钟山得名的几种解释，并表明了自己的态度：郦元之说，人常疑之；李渤之解，余尤疑之。树立了批驳的靶子，为后文考证辩说张目。中间虽为记游，但侧重写考察的经历与心路历程，突出表现了考察的艰难、观察的深入，以及苏轼考察过程中的从容不迫、审慎周全，不仅有涵澹澎湃之形，也有"窾坎镗鞳"之声，如乐作焉，形象生动地展示了弄清事实真相之后的快乐与欣慰。可以说，一次偶然的石钟山之行，实际上是一次深入民间探悉民生疾苦的漫漫旅程，游记事小，而民生事大，故而士大夫不可不"目见耳闻"！

当然"目见耳闻"不一定是客观真实，但这也超出了立论本身，表明了求实求真的态度，实践调查的工作作风，闪耀着理性的精神、善始慎终的人生态度，穿越时空，至今犹警钟长鸣。

从文学思想的层面来看，苏轼主张"以体用为本""有为而作"等，在观念上实际更接近柳宗元所提倡的"辅时及物之道"。

金圣叹评价《种树郭橐驼传》："纯是上圣至理，而以寓言出之。"名为记传，实为说理，柳宗元将谏言蕴于传记，将"官戒"寓于"树理"，将己之所思托于主人公郭橐驼之口，可谓构思独特。

郭橐驼并非一般人，在《庄子》中就有许多类似人物，如支离疏、庖丁、运斤成风的匠人、佝偻丈人等，他们虽隐身于市井之中，但都以一技之长独步于市廛之中，坦然自若。柳宗然不仅深得这种构思逻辑，而且有所发挥，其笔下郭橐驼不仅坦然真实地面对不幸的命运，而且以种树之理——"顺木之天""植木之性"喻"官理"——养人之术，批评弊政，同样事小而理深。

从说理艺术来看，《种树郭橐驼传》与《石钟山记》都是借小事入、以深理出；从具体论证方法来讲，都不约而同地采用了对比论证的方式，以小事见深理，尺水起波澜，情趣未尽，理趣尽出，今天读来，亦发人深省。

参考文献

[1] 朱明伦.唐宋八大家散文：广选·新注·集评 苏轼卷［M］.沈阳：辽宁人民出版社，1997：331-332.

[2] 吴欣歆.《石钟山记》教学价值的开掘［J］.语文学习，2022（10）：22.

[3] 王林.《题西林壁》和《石钟山记》写作意图一致性考辨［J］.名作欣赏，2017（5）：85.

[4] 苏轼.苏轼文集［M］.北京：中华书局，1986：2069，1418，1363.

[5] 金圣叹.天下才子必读书［M］.朱一清，程自信，注.合肥：安徽文艺出版社，2003.

第三章

群文背景下的古诗词细读策略

别是一江水月，弦扬盛世雅音

——《春江花月夜》新论

意境辽阔，情感蕴藉，语言空灵，这就是《春江花月夜》被称为"孤篇盖全唐""诗中的诗，顶峰中的顶峰"的原因吗？若将其置于灿若星河的、以"江水""明月"为意象的诗中去涵泳品读，《春江花月夜》总给人不经意的审美发现："人生代代无穷已，江月年年望相似"哲思深沉，弦扬雅音，发盛唐先声，彰大唐气象，确为全篇之轴。

一、月明春江之境，生命永恒之基

汉末到六朝是中国历史上最动荡的时期之一，"青苔依空墙，蜘蛛网四屋"为社会凋零之状，"世胄蹑高位，英俊沉下僚"是士子报国无门的愤懑，"日月不恒处，人生忽若寓"是身处乱世孤独漂泊、悲怆忧伤的心理现实。李泽厚先生说，魏晋的"艺术与经济、政治经常不平衡。如此潇洒不群、飘逸自得的魏晋风度却产生在充满动荡、混乱、灾难、血污的社会和时代。因此，有相当多的情况是，表面看来潇洒风流，骨子里却潜藏深埋着巨大的苦恼、恐惧和烦忧"。在这些烦忧中最深重的是生命短暂、人生无常的悲伤，如曹操的"譬如朝露，去日苦多"，阮籍的"人生若尘露，天道邈悠悠"，王羲之的"固知一死生为虚诞，齐彭殇为妄作"等。唐代结束了数百年的分裂和内战，奏响了中国封建王朝最为雄壮豪迈的序曲。大批士子通过科举走上了治国理政的道路，拥有了实现"修齐治平"理想的平台，"宁为百夫长，胜作一书生"，为国立功的荣誉感和英雄主义在社会生活中弥漫开来。

《春江花月夜》，"上与魏晋时代人命如草的沉重哀歌，下与杜甫式的饱经苦难的现实悲痛，都截然不同。它显示的是，少年时代在初次人生展望中所感到的那种轻烟般的莫名惆怅和哀愁。春花春月，流水悠悠，面对无穷宇宙，深切感受到自己青春的短促和生命的有限。""张若虚《春江花月夜》是初唐的顶峰，经由以王勃为典型代表的'四杰'就要向更高的盛唐峰巅攀登了。"李泽厚先生明确指出《春江花月夜》为盛唐先声，但其认为诗人深切地感受到自己青春的短暂与生命的有限就值得商榷，后文将有所阐述。月满春江，胸襟摇荡，对最美丽的时代的向往就铺展在江天一色无纤尘的水月之恋中。

安定和谐、日趋强盛的唐王朝就如同明月初升于潮涌的江面，清新，明丽，洋溢着不可抗拒的向上的生命力。春江月明，波流万里，如同大唐流播的盛世雅音，萦绕于山川。原野上花草茂盛，月光洒满花草林木之间，令人心醉神迷。江天一色，玉宇澄清，海晏河清的世界中望月遥想"人生代代无穷已，江月年年望相似"——人生永恒，水月无穷，这不能不说是对魏晋"固知一死生为虚诞，齐彭殇为妄作"的浪漫超越！

二、多情无如一江月，别有风雅话轻愁

"人生代代无穷已，江月年年望相似。"激荡于永恒的生命之流中，最令人荡气回肠、心向往之的是什么呢？应是情与爱。

"蒹葭苍苍，白露为霜。所谓伊人，在水一方。"《诗经·蒹葭》中的爱情过于迷茫，无奈中有种无可企及的幻灭感；"髣髴兮若轻云之蔽月，飘飘兮若流风之回雪。"曹子建笔下的洛神虽有轻云笼月、回风旋雪的灵秀，但终因"人神殊道"而怅惘若失。《春江花月夜》中那一江水月沐浴的爱情却是意蕴深长，情思摇落。

人有情，月有意，那一轮超越古今的明月陪伴着闺中的思妇，徘徊于楼上，流连于妆镜台前，停落在玉户帘中，盛开在捣衣砧上。玉人如月，月照玉人，一切是那么纯净美好，纯粹真挚，正是有这种纯粹真挚的情感依恋，才有生生不息、无穷无尽的生命繁衍。

真正的爱，是双向奔赴；不灭的情，是互相依恋。"但愿人长久，千里共婵娟。"苏轼的祈盼里多的是一份可望而不可即的奢望，《春江花月夜》的一

江水月里流动的是心心相印的牵挂，是天涯若比邻的慰藉。

游子思乡的梦如花落闲潭，幽深轻盈，淡淡的幽怨中荡漾着无法言说的甜美回忆、幸福的期待。张若虚仅仅是借乐府旧题下男女之情这一特定视角，来呈现初唐时期的时代精神与文化内涵。

回家的路虽然遥远漫长，但思乡的情如月落江面，穿过江畔斑驳的树影，洒下点点滴滴金色的光，在那一江水月中，摇曳出诗情画意和温暖遥想。

三、最是一江明月，弦扬盛世雅音

"俯视清水波，仰看明月光""烟极希丹水，月远望青丘""亭亭映江月，浏浏出谷飚"，汉魏六朝不乏描写水月的诗句，但水月只作为外在的空间景象而存在，未经心灵的筛选，游离于情感之外，与人两隔，且水月彼此亦缺少流光溢彩的辉映。但"晋人向外发现了自然，向内发现了自己的深情"。历史播迁，敏锐的诗人总是最能抓住时代的脉动，初唐诗人的诗歌中渐渐弥漫着盛世强音，《春江花月夜》即为其中翘楚，"人生代代无穷已，江月年年望相似"超越了前人生命短促的哀叹，亦非宋代诗人强颜欢笑的洒脱。

"人生代代无穷已，江月年年望相似。"人与水月并提，传达出人类群体的延续可以与自然永恒的哲理思考，磅礴恢宏中张扬着盛世强音。"不知江月待何人，但见长江送流水。"很多人认为这两句是以江月的永恒衬托人生短促，以江水的永不停息反衬人类渺小，可是我们为什么不认为江月永恒，江月的见证者也是永恒的呢？个体的光阴年华虽如流川逝水，但人亦如流水般后浪推前浪，代代更迭……那不尽的长江水，把人类族群的生命之流融到了一起，使其都获得了永恒的意味。张若虚在自然与人类的比照中肯定了生命承续的无穷无尽，在个体生命价值与社会发展整体观照中，他选择了后者，个体的生命是短暂的，但若融入滚滚东流的生命长河中，他就可以获得永恒的生命力。

岁华摇落，情满春江，以诗的语言弦扬生生不息的时代新声、盛世雅音。也许"无边落木萧萧下，不尽长江滚滚来"才可与之比肩，但其散发的却是大唐帝国日渐式微的回响。

"客亦知夫水与月乎？逝者如斯，而未尝往也；盈虚者如彼，而卒莫消长也。"同样是那一江"水月"，苏子阐释的是"变"与"不变"的哲理，"取之无禁，用之不竭"的只是山间清风、江上明月，反过来说，蹉跎于人世间的苏子是不自由的，是渺小而卑微的。这也不能不说是时代的印迹在诗人心灵上的映射。北宋是一个最好的时代，亦是一个最坏的时代，虽经济繁荣，文化昌盛，充满了爱国主义与英雄情怀，但危机四伏，隐患环伺，奢侈成风，官僚腐朽，国库日空，边备渐弛，党争不休，英雄寥落。苏子瞻虽有治国安邦之才，但屡遭放逐，辗转于江湖之间，浇其心中块垒的只有那一杯旷绝千古的浊酒——"相与枕藉乎舟中，不知东方之既白"。可当晨曦微露，却上心头的依然是无尽的苍凉与落寞——"世事一场大梦，人生几度秋凉？"

"人生代代无穷已，江月年年望相似"的豪迈与自信，从容与浪漫，孕育出月明春江、潮涌华夏的月夜春江图画。新生的大唐帝国如一江春水滋养着万姓子民，似万里明月照亮了芸芸众生宁静美好的梦境，梦中有情、有爱、有心有灵犀的相思，那梦如花落闲潭，如月洒花林，弦扬的是如期而至的盛世雅音。

"人生代代无穷已，江月年年望相似。"超越了前人生命短暂、自然永恒之悲，有别于后来者盈虚有恒、命运无常的落寞。它是盛世呼之欲出的雅音，是后来者豪迈自信投身于时代洪流中的先声，是烛照全篇的亮光，是绾结孤篇的轴心。

参考文献

［1］李泽厚.美的历程［M］.北京：生活·读书·新知三联书店，2009.

［2］张茜，张燕.从《春江花月夜》看初唐文化的时代精神［J］.唐都学刊，2019（6）：7.

［3］宗白华.美学散步［M］.上海：上海人民出版社，1981：215.

春水漫溢隐幽愁

——《客至》再读

据黄鹤《黄氏集千家注杜工部诗史补遗》，《客至》是唐肃宗上元二年（761）春天，杜甫五十岁时在成都草堂所作。此诗有别杜诗沉郁顿挫的风格，特别清新明快，纯真朴质，故而清人黄生评："前半见空谷足音之喜，后半见贫家真率之趣。隔篱之邻翁，酒半可呼，是亦鸥鸟之类，而宾主之两各忘机，亦可见矣。"

"空谷足音"确为中肯之评，而"宾主之两各忘机"则只能形容表面的喜悦，不可烛照杜甫此时心境，若要明悉《客至》所隐含的忧愁，我们就要进入诗歌情境，比照诗人这一时期所写的其他诗歌，悟情析理，才可洞烛发微，感受诗人此时的心境，仰止诗人"穷年忧黎元"的家国情怀！

《诗经·小雅·白驹》曰："皎皎白驹，在彼空谷。生刍一束，其人如玉。毋金玉尔音，而有遐心。"《诗经》借白驹起兴，讴歌贤者，希望与贤者保持音讯联系。所以"空谷足音"一词很切合此诗所摹写的诗人此时的生活状态，杜甫僻处草堂之中，其内心是希望有贤者与其相通，希望有机会实现报国之志，但若说诗人"忘机"则无法揭示诗人乱世之中漂泊西蜀、寓居成都草堂时复杂的心境。

诗人虽在友人的资助下，于成都浣花溪畔筑成草堂，暂时栖身，但国势日危，时局艰难，亲戚流离，诗人又怎能安居于异国他乡？他的心里依然是挥之不去的家国幽愁，快乐只是深重的幽愁底质上含苞的花蕾。

一、春水何漫溢，蓬门尽寂寞

春天来临，碧水漫溢，杜甫位于浣花溪畔的草堂南北皆荡漾着昂扬生机的春水，面对同样的"春水"，诗人情不自禁低吟轻唱："三月桃花浪，江流复旧痕。朝来没沙尾，碧色动柴门。"（《春水》）春水携着粉色的桃花，或者说映照着桃花，泛着迷人的光彩。江水慢慢涨起来了，告别了水瘦山寒的时光，恢复到了旧日的丰沛。早晨春水漫溢过沙洲的末尾。春水滋养着两岸的翠色，漫溢到了草堂柴草编织的门前。"桃花浪"写出了春天的美丽，"动"突出了春天的活力、生机，面对这样的"春水"，诗人内心涌动着报国的激情与希望。

但一"皆"字又有几分沉重，颇有抱怨之意，"所谓伊人，在水一方"。

春水漫溢，诗人如同春水中浸染的一抹翠绿、一枝新红、一缕涌动的波痕，在无人眷顾的偏远溪畔勾画着"稳暖皆如我，天下无寒人"的理想。"诗言志"，诗人在这种生活处境中写了一系列的诗来表达自己的想望与愤懑。如《绝句漫兴九首（其一）》："眼见客愁愁不醒，无赖春色到江亭。"春天，杜甫草堂周围的景色很秀丽，此时诗人生活也暂得安定，可他满眼满心的依然是愁绪，是百无聊赖，因为他是异乡漂泊的"客"，动荡的时局给天下黎民带来苦难，他的心中百转千回的是国难未除，故园难归。

又如《绝句漫兴九首（其三）》："熟知茅斋绝低小，江上燕子故来频。衔泥点污琴书内，更接飞虫打着人。"王夫之《姜斋诗话》中说："情景名为二，而实不可离。神于诗者，妙合无垠。巧者则有情中景，景中情。"杜甫此诗虽无一句直接言情，但又无处不写自己蜷居于草堂的忧愁愤懑和烦乱心绪。茅斋十分低小，岂是卧龙久处的地方，即使想以琴书安抚烦躁不宁的心绪，可是琴书上洒落着点点污泥。还有恼人的飞虫，在燕子追逐下不断地碰触在人的身上。一切烦恼皆缘于家国动乱，所有幽愁都隐于春水漫溢。

"舍南舍北皆春水"带给诗人的不是欢欣，更多的是隔绝，是远离社会的落寞，是英雄无用武之地的不甘与愤懑！

正因有上句的沉重之感，下句着一"但"字显露诗人心中隐秘的孤寂与落寞则妙合无垠。

《列子·黄帝》中说，有人与海鸥相亲，海鸥常和他嬉戏，但有一天他父亲却让他捉回一只海鸥，当他再去海边时，海鸥都心存疑虑而不敢再靠近他。后人常借用此典，形容人淡泊宁静、泯除机心。"群鸥日日来"可见人与自然和谐，人内心纯净绝无心机。美好而富有哲思，这也是诗人追求的理想生活，远超"大庇天下寒士俱欢颜"。可在国家动乱、战火频仍的时世，诗人又怎能安居于个人小天地呢？因而第二句即以"但见"开头，日日来的"群鸥"并不能给予诗人真正的宁静，反而逗弄出只有鸥鸟、世无知音的绝世寂寞，颇有李青莲"举杯邀明月，对影成三人"的孤寂。

"群鸥日日来"，但诗人不仅没有"忘机"，反而牵惹出更多的家国幽愁。春天的花儿遮蔽了小径，柴草编织的门户落满了青苔，而崔明府的拜访给诗人带来了与外在世界沟通的希望。

二、市远兼家贫，仕途皆坎坷

唐代别称县令为明府，虽官阶不高，但确为百姓父母官。县令到访令孤寂落寞的杜甫欣喜无比。除了打扫花径，敞开蓬门，理应以丰盛的酒食相待。

"盘飧市远无兼味，樽酒家贫只旧醅。"远离街市，买东西不方便，盘中的菜肴很单一；家里贫穷，买不起昂贵的酒，只好用家酿的陈酒。简洁平易的话语中是浓浓的待客热诚，是朋友之间推杯换盏的深情厚谊。质朴的话语，深情的歉意，让我们看到了杜甫"有朋自远方来，不亦乐乎"的欣喜。

但快乐背后笼罩着的是深重的悲凉与苦涩。

首先是孤寂，是与社会的隔离状态。由于离集市遥远，买菜十分不方便，更谈不上对时局的了解和对人事的关注，这对于一个忧国忧民的诗人来说，是十分痛苦的。其次是贫穷。处于焦灼状态的诗人借以浇注胸怀的唯有那杯浊酒，酒醒后是更沉重的孤独与忧愁。

杜甫在草堂寓居时所写的《绝句漫兴九首（其四）》中有："二月已破三月来，渐老逢春能几回。莫思身外无穷事，且尽生前有限杯。"二月已过，三月又来，诗人细数着流年暗换，足见其在时光蹉跎中的无奈与惶惑，更焦灼于生命的短暂，而这焦灼来自国难未除，功业难成。在这僻远落寞的生存状态中，诗人只能暂且放下"身外事"，用酒来打发时光，以减轻心中的痛苦，表面上看貌似洒脱，实际上却蕴含着无限的辛酸。"且尽"有暂且之意，但酒醒后岂不更为沉痛？

无论是朋友的到访，还是家酿的旧酒，都无法消除诗人心中的深愁。"寂寂春将晚，欣欣物自私。江东犹苦战，回首一颦眉。"（《江亭》）此诗中诗人内心的焦虑更为明显：随着时间的流逝，自然万物虽欣欣向荣，但恰恰牵引出的是诗人内心的憎厌与烦忧，春天的美丽更衬托出人世间的悲辛愁苦，因为江东战争仍在继续，极目远眺，回首静思，给诗人带来的只能是"颦眉"之愁。

席勒曾说："诗人之所以成为诗人，就在于他在自己身上消除一切令人想起虚伪世界的东西，使自然在他身上恢复它原初的素朴。……他是纯洁的，他是天真无邪的。""盘飧市远无兼味，樽酒家贫只旧醅。""无"是没有的遗憾，"只"是有的辛酸，"无"与"有"语意虽相反，但跳动的是同样悲凉的音符，表达的是世事不如人愿的失落深忧，简单的词句剥离了世俗所有的伪饰，自然质朴中显露出诗人真诚的内心与家国情怀。

三、借他人酒杯，浇胸中块垒

苏轼说："此心安处是吾乡。"苏轼所处的朝代暂且是一个世事安稳、经济繁盛的宋朝。而处于安史之乱、唐王朝由盛转衰时期的杜甫，那一颗漂泊的心从来就浸满了民众流离的苦汁和报国无门的落寞。

杜甫虽有"会当凌绝顶，一览众山小"的雄心壮志，但时运不济，在盛衰相继的时代，不肯苟且的诗人，漂泊就成了他的宿命。虽然在成都筑草堂而暂得一日安宁，可他的内心依然是天下百姓、唐王朝的万里江山。

因而哪怕是春天，春水漫溢，鸥鹭翔集，也慰藉不了他那一颗孤寂落寞、忧国忧民的心。崔明府的来访给他带来了暂时的欢愉，以至设酒相待，并且还因菜肴单一、酒品不高而连连表达歉意。应该说一个是当时县令，一个是游离于官场忧心时事的"叹息肠内热"的爱国诗人，他们共同的话题应是天下黎元，大唐百姓，应是江东战事，殿陛朝臣。可是，他们的眼中只有那一樽旧醅，心中只有满腔孤愤。

诗评家对待客饮酒的场景有很多较形象的评论，如"客"之举止更加随和率意，他虽然任明府，即县令，但此次完全是以平民身份造访隐居乡间的"少陵野老"，所以会有"肯与邻翁相对饮，隔篱呼取尽余怀"的豪爽举止。

此诗写出了诗人对佳客来访由衷的喜悦和款客时宾主忘机、尽兴饮宴的欢快场面，字里行间洋溢着"喜"的心情。

无可否认，僻居草堂的杜甫因客来访而十分欣喜，但若仅仅看到杜甫的欣喜，而对其欣喜中的幽愁视而不见就失之肤浅了。

"酒逢知己千杯少，话不投机半句多"，若崔明府真的是杜甫的知音，推杯换盏之余，酒酣耳热之际，家国天下之情、个人流离之叹、怀才不遇之慨实为绵绵不尽的话题，可是，诗中并没有涉及这些情境，反而转换了话题："肯与邻翁相对饮，隔篱呼取尽余杯。"

这既可理解为酒喝得很酣畅，需人助兴，也可理解为杜甫感觉喝酒的气氛逐渐消沉，所以需要邻翁来助兴，再次掀起喝酒的兴致。所以从最后一联我们深切地感受到热闹背后的冷寂，欢欣深处的落寞。崔明府是杜甫迎接的客人，杜甫又何曾不是漂泊异乡的孤客呢？——"天地何所似，飘飘一沙鸥"

此时，此地，此境，《宾至》一诗更能表明杜甫的心迹："岂有文章惊海内？漫劳车马驻江干。"若客人只是为自己文名而来，则为枉自劳烦。那么诗人在意的是什么呢？需要世人关注的是什么呢？是他"致君尧舜上，再使风俗淳"的宏伟抱负、治政理想，而不是诗名。——"名岂文章著，官应老病休"

同样是在浣花溪畔，蓬门草堂，当杜甫听闻官军收复了河南河北，那才是真正的欣喜、快乐："白首放歌须纵酒，青春作伴好还乡。"四海升平，早还故乡才是诗人心中真正的愿望，可崔明府来访之时，夙愿未了，诗人心中又怎能有真正的欣喜呢？又哪里能忘却一切达到无机的境界？

参考文献

[1] 黄生.杜诗说［M］.合肥：黄山书社，1994：316.

[2] 席勒.论素朴的诗和感伤的诗［M］.张玉能，译.北京：文化艺术出版社，1996：123.

［3］莫砺锋.相同主题的不同表现：读杜甫的《宾至》《客至》［J］.古典
　　　文学知识，2022（2）：2.

［4］马丕环.空谷足音，妙极天趣：读杜甫《客至》［J］.名作欣赏，2007
　　　（9）：74.

华年一滴泪，壮志万缕烟

——群文阅读背景下《锦瑟》主旨探析

　　高中语文统编教材必修中册古诗词诵读部分有李商隐《锦瑟》一诗，诗的辞采华丽，典故纷纭，主旨多元，深受读者喜爱，可"一千个读者就有一千个哈姆莱特"，历来诗评家对此作看法也颇异。苏东坡认为它是一般的咏物诗，即歌咏"锦瑟"。《古今乐志》云："锦瑟之为器也，其弦五十，其柱如之，其声也适、怨、清、和。"但明胡应麟云："宋人认为咏物，以适、怨、清、和字面，附会穿凿，遂令本意懵然。且至'此情可待成追忆'处，更说不通。"有人推其为国祚兴衰而作，今人岑仲勉《隋唐史》中云："颇疑此诗是伤唐室之残破。"另《龙性堂诗话》云："细味此诗，起句说'无端'，结句说'惘然'，分明是义山自悔其少年场中风流摇荡，到今始知其有情皆幻，有色皆空也。"正如王士禛于《戏仿元遗山论诗绝句三十二首》（其十一）中说："一篇《锦瑟》解人难。"而教材阅读提示说："可以这样解读：锦瑟本有五十弦却说'无端'，流露了诗人心底的嗔怨。"若仅以"嗔怨"一词概括意蕴丰富的《锦瑟》，实难让人信服，那么，我们应怎样引领学生去体悟《锦瑟》丰富而深沉的情感呢？最佳的途径就是细读文本，把文本放在诗人所写的诗词中比较分析，质疑思辨，我们才能真正读懂诗词隐晦的情思。

一、品味意象

（一）意象的文化意蕴

　　"意象"一词是中国古代文论中的一个重要概念。古人以为"意"是内在的抽象的心意，"象"是外在的具体的物象；"意"源于内心并借助于"象"来表达，"象"其实是"意"的寄托物。中国诗学一向重视"意"与"象"的关系，亦即"情"与"景"的关系，"心"与"物"的关系，"神"与"形"的关系。这方面的论述很多，如刘勰指出，诗的构思在于"神与物游"；谢榛说，"景乃诗之媒"；王夫之说，"会景而生心，体物而得神，则自有灵通之句，参化工之妙"；直至王国维提出，"一切景语皆情语也"。移情于景，存心于物，凝神于形，寓意于象，实际上只是中国传统诗学关于诗的意象手法的不同表述。意象是解读诗歌最为重要的密码，若我们能以文本为载体，以意象为抓手，我们就能摒弃随心所欲的臆测，从而直抵诗歌思想情感的内核。

《锦瑟》以锦瑟开篇，选择了一系列中国传统文化中颇为典型的意象，如蝴蝶、杜鹃、珠、玉等等。要弄清意象的内涵，我们就应了解每一个意象的来龙去脉，以便去探求这些意象在《锦瑟》诗歌情境中的特定含义。

如锦瑟，《史记》卷二十八《封禅书》："太帝使素女鼓五十弦瑟，悲，帝禁不止，故破其瑟为二十五弦。"李商隐诗中的锦瑟，仍然是五十弦的瑟，可知这里意在强调锦瑟奏出来的是"悲音"。

蝴蝶，"庄生梦蝶"——"昔者庄周梦为蝴蝶，栩栩然蝴蝶也，自喻适志与！"（《庄子·齐物论》）蝴蝶可以在自然世界、辽阔天地间自由飞翔，而这正是庄周所追求的人生理想。

杜鹃，"杜鹃啼血"。《说文·隹部》曰："……蜀王淫其相妻，惭，亡去为子归鸟，故蜀人闻子规鸣，皆起曰，是望帝也。"李商隐在这个典故前，特别强调了"春心"二字。关于春心的解读，叶嘉莹先生认为，可以参见李商隐的《无题》（飒飒东风细雨来）倒数第二句"春心莫共花争发"里面"春心"的解读。在这里，"春心"表面上看着是在写"女子思春的感情"，事实上指的是诗中人对于某人、某事的一种"多情"的"执念"。李商隐明明知道，自己已经无法实现心中的政治理想了，可是他仍然像"杜鹃啼血"一样，始终不肯死心。

玉，被赋予"仁""义""智""勇""洁"等高尚道德，与贤德的君主、仁义的君子品德相符。因而自古以来，玉便是王者、君子的怀中物，文人墨客的笔下客。《礼记·玉藻》曰："古之君子必佩玉。""君子无故，玉不去身。"

至于珠，晋代文学家陆机于其《文赋》中云："石韫玉而山辉，水怀珠而川媚。"鲛人泣泪成珠又为这一意象又增添了许多丰富的内涵。

李商隐在《锦瑟》中选择了一系列典型的富有文化意蕴的传统意象，使诗歌于华美中走向深刻。

（二）意象的情境化内涵

胡震亨在《唐音癸签》中云："以锦瑟为真瑟者痴。以为令狐楚青衣，以为商隐庄事楚、狎绹，必绹青衣亦痴。商隐情诗，借诗中两字为题者尽多，不独锦瑟。"此评论实有道理，但若锦瑟非为真瑟，那又是什么呢？

"子在川上曰：'逝者如斯夫。'"至圣的一声叹息，为时光焦灼之滥觞；"日月忽其不淹兮，春与秋其代序"，屈平行吟泽畔，心中萦绕的是流逝的时间与遥远的故国；陈子昂登幽州台，"念天地之悠悠，独怆然而涕下"，这是英雄落寞，时光蹉跎的悲号；"君不见，高堂明镜悲白发，朝如青丝暮成雪"，李太白也摆脱不了时光的牵绊，放声呐喊。时光焦灼是古今文人共同的宿命，富有才华却生于晚唐的玉溪生又怎能逃脱时光蹉跎的煎熬？

"锦瑟无端五十弦，一弦一柱思华年"，"瑟"演奏的是生命的悲音，而"年"又是自然轮回中悄然易逝、最不容把握的物象。平庸之人于似水流年中寂寂以度，而绝代风华侪辈则会生出诸多感慨。命运垂青李商隐，让他少年卓荦，青年意气风发，可在他最春风得意之时却不知不觉陷入了一场不以人的意志为转移的政治旋涡中，那美好的年华只能在抑郁中悄然流逝，一回首亦是百年身。"无端"看似没来由，无理而妙，但莫不是诗人故意为之，似"无端"实有所指，指"华年"虚度，生命悲凉。

"瑟"装饰华美却音调悲凉，"生命"才华横溢但等闲老却，不能不令人怅惘低回。

"庄生晓梦迷蝴蝶，望帝春心托杜鹃"，带着怅惘的情绪，诗人沉入了对自我人生的回想。诗人虽有美好的人生梦想，却如同庄生晓梦一样，短暂了无痕迹。"春心莫共花争发，一寸相思一寸灰"，"春心"为男女之思，以男女之思喻君王之念为诗歌中最常见的联想。"惟草木之零落兮，恐美人之迟暮"，屈原于《离骚》中借美人表达对怀王的思念；"草木有本心，何求美人折。"张九龄于《感遇》中借美人喻指不理解自己的玄宗；"美人如花隔云端。上有青冥之长天，下有渌水之波澜。"李白《长相思》中的美人喻指难以实现的政治理想；"渺渺兮予怀，望美人兮天一方"，苏子瞻同样以"美人"喻理想不得实现的衷曲。

若以文本意象来品读，我们不难发现，"蝴蝶""春心"喻指诗人心中的政治理想，而"迷""托"表达了他追求理想的挚诚，但"梦"却为短暂易逝的"晓梦"，"春心"托于悲剧色彩浓郁的杜鹃，暗指理想不可实现的苦闷与悲凉。

据以上文脉，"沧海遗珠""美玉生烟"之意则迎刃而解。

以珠玉之美喻品行高尚、理想纯洁，于传统文化典籍中层见叠出。《论语》中云："子贡曰：'有美玉于斯，韫椟而藏诸？求善贾而沽诸？'子曰：'沽之哉！沽之哉！我待贾者也。'"孔子以"玉"喻才华，才华的展示需要等待合适的时机。

《荀子·劝学》载："声无小而不闻，行无隐而不彰。玉在山而草木润，渊生珠而岸不枯。为善不积邪，安有不闻者乎？"荀子以生动的比喻指出人的品行——善，对生命的滋养，对灵魂的润泽，善就如同珠玉，人只有积蓄了善才能灵魂馨香，生命润泽。

而以"珠"喻功名利禄，以唐人张籍诗中的"还君明珠双泪垂，恨不相逢未嫁时"最为含蕴，从表层看是一首抒发男女情事之言情诗，骨子里却是一首政治抒情诗，题为《节妇吟》，即用以明志。在喻义层面上，诗中所说"双明珠"是李师道用来拉拢、引诱作者为其助势的代价，也就是常人求之不得的声名地位、富贵荣华一类的东西。作者慎重考虑后委婉地拒绝了对方的要求，做到了"富贵不能淫"，像一个节妇守住了贞操一样守住了自己严正的政治立场。

而《锦瑟》中的"沧海月明珠有泪，蓝田日暖玉生烟"表达理想难以实现更为婉曲深致，充溢着矛盾中的情感纠结、压抑中的不甘沉沦，这也正是诗人现实人生的写照。诗人出自令狐家之门，本属牛党，后为李党门下王茂元女婿，从此陷入"牛李党争"旋涡，虽有"欲回天地"、力促唐王朝中兴的志向，但生于晚唐末世，又怎能实现自己的理想？只能在踯躅中度过生命最后的时光。这不正如"明珠蒙泪""良玉生烟"吗？美好却凄苦，可望而不可即。

最后，诗人再也无法控制自己的情感："此情可待成追忆，只是当时已惘然。"直抒胸臆，表达了回望逝去时光时的怅惘失落之情。虽无陈子昂"独怆然而涕下"的惊天彻地的叩问，亦不乏晚唐"夕阳无限好，只是近黄昏"日渐式微的无奈。心中壮志如暮烟沉落，留下余光万点。

二、群文循证

（一）锦瑟华年与谁度

要充分理解玉溪生在理想与现实之间的"惘然"，读懂诗人在期望与失望、挣扎与沉沦、幻梦与清醒之间的苦痛，最好的方式就是博览诗人不同时期所创作的诗，从诗歌本体，进入诗人的理想世界。

安定城楼

迢递高城百尺楼，绿杨枝外尽汀洲。

贾生年少虚垂泪，王粲春来更远游。

永忆江湖归白发，欲回天地入扁舟。

不知腐鼠成滋味，猜意鹓雏竟未休。

此诗是唐文宗开成三年（838）李商隐在泾州登上安定城楼时所作。此时玉溪生大约26岁，正式离开令狐家，到泾原节度使王茂元幕下工作，并娶王女为妻。此诗抒发了作者应博学宏词科不第，虽仕途受阻，遭到一些人的谗伤，但他并不气馁，反而鄙视和嘲笑谗佞的小人的坚定胸怀，充分体现了作者青年时期的踔厉高蹈和意气风发。

贾谊献策之日，王粲作赋之年，都与作者一般年轻，贾谊上《治安策》不为汉文帝所采纳，王粲避乱于荆州而作《登楼赋》，慨叹"时无英雄，遂使庶子成名"，其境遇与李商隐十分相似。际遇虽似，而玉溪生凌云之志，未稍减损，"记忆江湖"与"欲回天地"虽语意相反，但却更有深味，若无淡泊名利之心，又哪有"回天地"之志？最后用庄周之典，反映了他睥睨一切的精神状态。虽遇挫折但仍意气风发，这就是心怀治国安邦理想的青年才俊。

时光流转，时移世易，李商隐辗转流离于仕途，屡经踣踬，其奋发之情与江河日下的大唐一样，日益笼上了回光返照的悲凄与黯淡。《乐游园》可以说是此时此地心境的写照。

乐游园

向晚意不适，驱车登古原。

夕阳无限好，只是近黄昏。

程梦星《李义山诗集笺注》："此诗当作于会昌四五年间，时义山去河阳退居太原，往来京师，过乐游原而作是诗，盖为武宗忧也。武宗英敏特达，略似汉宣，其任德裕为相，克泽潞，取太原，在唐季世可谓有为，故曰'夕阳无限好'也。而内宠王才人，外筑望仙台，封道士刘玄静为学士，用其术以致身病不复自惜。识者知其不永，故义山忧之，以为'近黄昏'也。"李商隐虽退居太原，但"居江湖之远则忧其君"，他依然忘不了心中的家国天下，但面对残酷的现实，只能是"近黄昏"的敏感与凄怆。

贾生

宣室求贤访逐臣，贾生才调更无伦。

可怜夜半虚前席，不问苍生问鬼神。

《贾生》大约是唐代诗人李商隐36岁时创作的咏史诗。此诗通过讽刺汉文帝虽能求贤却又不知贤的行为，反映了晚唐的社会现实，即晚唐帝王也像汉文帝一般，看似开明，实则昏聩。其着眼点不在个人穷通得失，而在于指出封建统治者不能真正重视人才，使其在政治上发挥作用。诗中选取汉文帝宣室召见贾谊，夜半倾谈的情节，写文帝不能识贤、任贤，揭露了晚唐皇帝服药求仙，荒于政事，不顾民生的昏庸特性。全诗借古讽今，寓慨于讽，深刻而具有力度，在对贾谊怀才不遇的同情中，寄寓作者自己在政治上备受排挤、壮志难酬的感伤，感伤中不无期冀。

贾谊被贬长沙，久已成为诗人们抒写不遇之感的熟滥题材。《史记·屈原贾生列传》载："贾生征见。孝文帝方受厘（刚举行过祭祀，接受神的福佑），坐宣室（未央宫前殿正室）。上因感鬼神事，而问鬼神之本。贾生因具道所以然之状。至夜半，文帝前席（在坐席上移膝靠近对方）。既罢，曰：

'吾久不见贾生，自以为过之，今不及也。'"作者却独辟蹊径，特意选取贾谊自长沙召回、宣室夜对的情节作为诗材。在一般封建文人心目中，这大概是值得大加渲染的君臣遇合盛事。但诗人却独具慧眼，抓住不为人们所注意的"问鬼神"之事，讽刺晚唐幻想成仙、荒于政事的帝王。诗歌欲抑先扬，发出了一段新警透辟、发人深省的议论。

胡应麟《诗薮》载："晚唐绝……'可怜夜半虚前席，不问苍生问鬼神'，皆宋人议论之祖。间有极工者，亦气韵衰飒，天壤开、宝。然书情则怆恻而易动人，用事则巧切而工悦俗，世希大雅，或以为过盛唐，具眼观之，不待其辞毕矣。"

观其诗，知其在"牛李党争"中趑趄不遇，但其修身、齐家、治国、平天下的人生理想从未放弃过。正是这种执念让他在40多岁时，追忆往昔依然恍然若梦，他有杰出的才华，深受令狐家青睐，谁知造化弄人，他又成了王茂元家的快婿，成了世人皆知的令狐家的背恩负义之人，正是这种无端的人际遇合，让他长期跌跌撞撞于苦苦求索的人生之中。他也许收获了王氏的爱情，可是在收获爱情的同时，他又背上了时世的骂名，从而在仕途上坎坷前行。若干年之后，在他回首那一段岁月时，总会为当时看似曲径通幽实则歧路亡羊而慨叹，故而《锦瑟》云"只是当时已惘然"，这就是令诗人倍感无端的命运，可谓造化弄人！

（二）虚负凌云万丈才

商隐虽赍志而殁，但唐人祭悼其人的诗句颇少，可能与他犹疑于"牛李党争"的人生际遇有很大的关系，独有其好友崔珏《哭李商隐》一诗令人凄恻，若细品此诗，亦可看到李商隐追求理想的执着以及不遇于世的感伤。

哭李商隐

虚负凌云万丈才，一生襟抱未曾开。

鸟啼花落人何在，竹死桐枯凤不来。

良马足因无主踠，旧交心为绝弦哀。

九泉莫叹三光隔，又送文星入夜台。

可以说此悼亡诗与玉溪生《锦瑟》关联度极高，《锦瑟》中"庄生晓梦"，而庄子与梧桐的关系不可说不密切。《庄子·秋水》云："夫鹓鶵发于南海而飞于北海，非梧桐不止，非练实不食，非醴泉不饮。"（鹓鶵，古代传说中像凤凰一类的鸟，习性高洁。）"竹死桐枯凤不来"，确为隐喻商隐如凤凰才华超卓、品性高贵，而"鸟啼花落"即为杜鹃之悲鸣，"绝弦"正为"锦瑟无端五十弦"之承应，可以说"鸟啼花落""竹死桐枯""良马无主""旧交绝弦"是对"虚负凌云万丈才，一生襟抱未曾开"的具体化，是对李商隐济天下之志、安黎民之理想未能实现的不平与愤懑。李商隐的人生理想不是拥有温馨的爱情、虚无的功名，而是实现才可安邦、志可平天下，至死不渝，其憾恨令密友为其悲号哀叹。

刘勰在《文心雕龙》中说过："昔诗人篇什，为情而造文。"崔诗虽为悼亡诗，可整首诗中充溢的却是为李商隐才为世屈的不平，执着于理想却抱恨而逝的痛惜，其诗文中一唱三叹之至情让我们叹息之余，也不得不为李商隐对理想的孜孜以求而扼腕。

"秋阴不散霜飞晚，留得枯荷听雨声。"李商隐于《宿骆氏亭寄怀崔雍崔衮》一诗中的低吟一语成谶，既是唐王朝暮光四起的写照，亦是诗人身前身后的命运缩影。正如叶嘉莹先生所云："李商隐之所以有这种悲观绝望的感情，那是时代和平生的遭遇给他造成的这种悲观的心态。"

斯人已逝，时序轮转，生活在最好时代的我们在品读《锦瑟》之余，更应激励自己具有擘画新时代、创造新辉煌的勇毅。

参考文献

［1］陈伯海.唐诗汇评［M］.杭州：浙江教育出版社，1995：2410-2412，2475-2476.

［2］胡应麟.诗薮［M］.北京：北京科学技术出版社，2022：64.

［3］叶嘉莹.锦瑟［J］.中华活页文选（高一版），2009（3）：60-64.

蒹葭——理想主义精神的滥觞

少年时代观看琼瑶小说改编的电视连续剧《在水一方》，既惊叹于那别开生面、令人耳目一新的舞蹈灯光所映衬的音乐效果，又神往于主人公缠绵悱恻的爱情纠葛。后来上学读到《诗经·蒹葭》，才知晓其主题曲《在水一方》改编自中国最早的诗歌总集中的名篇《蒹葭》，不禁对电视剧《在水一方》的主题又多了几分思考。其实琼瑶女士借剧中人物卢友文的《平凡的故事》自序已经告诉了我们关于追求的矛盾与苦楚："我一直认为自己是一个天才，而且，是个不可一世的天才！既然我是天才，我就与众不同，在我身边的人，都渺小得如同草芥。我轻视平凡，我愤恨庸俗。但是，我觉得我却痛苦地生活在平凡与庸俗里，于是我想呐喊，我想悲歌。然后，有一天，我发现大部分的人都自以为是天才，也和我一样痛恨平凡与庸俗！这发现使我大大震惊了，因为，这证明我的'自认天才'与'自命不凡'却正是我'平凡'与'庸俗'之处！换言之，我所痛恨与轻视的人，却正是我自己！因此，我知道，我不再是个天才！我只是个平凡的人！我的呐喊，也只是一个平凡的人的呐喊！我的悲歌，也只是一个庸俗者的悲歌。"（《在水一方》）那么，我们应如何正确对待生活而不拘泥于生活，做一个理想主义者呢？《诗经·蒹葭》给予了诗意的回答，成了理想主义精神的滥觞！

蒹 葭

蒹葭苍苍，白露为霜。

所谓伊人，在水一方。

溯洄从之，道阻且长。

溯游从之，宛在水中央。

蒹葭萋萋，白露未晞。
所谓伊人，在水之湄。
溯洄从之，道阻且跻。
溯游从之，宛在水中坻。

蒹葭采采，白露未已。
所谓伊人，在水之涘。
溯洄从之，道阻且右。
溯游从之，宛在水中沚。

注释：

（1）蒹葭：芦苇。蒹，没长穗的芦苇。葭，初生的芦苇。

（2）苍苍：青苍，老青色。

（3）伊人：那个人，指所思慕的对象。

（4）一方：另一边。

（5）溯洄：逆流而上。洄，弯曲的水道。

（6）从：追寻。

（7）溯游：顺流而下。游，一说指直流的水道。

（8）宛：宛然，好像。

（9）萋萋：茂盛的样子。

（10）晞：干。

（11）湄：水和草交接的地方，也就是岸边。

（12）跻：（路）高而陡。

（13）坻：水中的小高地。

（14）采采：茂盛的样子。

（15）已：止，干。

（16）涘：水边。

（17）右：向右迂回。

（18）沚：水中的小块陆地。

本诗主要由三个方面的象征物构成——蒹葭、河水、伊人。首先我们来谈谈此诗所描绘的环境，"蒹葭苍苍，白露为霜"，"蒹葭"即芦苇，是中华大地、莽苍原野上一种极其普遍的择水而居的植物，当秋天来临，河滩渡头、江洲水洼、方塘小池边总能看到芦花胜雪的美景。芦苇就像一个高士，伫立在清池静水边，用那洁白的苇花昭示着自己的高洁，用那苇花在风中的轻舞招摇表述着自己身在江湖、心在朝堂的人生理想。所以芦苇就成了古今诗人朝思暮吟的对象，蕴含着深厚的文化情韵。

送　别

〔唐〕李白

寻阳五溪水，沿洄直入巫山里。

胜境由来人共传，君到南中自称美。

送君别有八月秋，飒飒芦花复益愁。

云帆望远不相见，日暮长江空自流。

金陵驿

〔南宋〕文天祥

草合离宫转夕晖，孤云飘泊复何依。

山河风景元无异，城郭人民半已非。

满地芦花和我老，旧家燕子傍谁飞。

从今别却江南路，化作啼鹃带血归。

奉使鄂渚至乌江道中作

〔唐〕刘长卿

沧洲不复恋鱼竿，白发那堪戴铁冠。

客路向南何处是，芦花千里雪漫漫。

江村即事

〔唐〕司空曙

钓罢归来不系船，江村月落正堪眠。

纵然一夜风吹去，只在芦花浅水边。

忆江南

〔南唐〕李煜

闲梦远，南国正清秋。千里江山寒色暮，芦花深处泊孤舟。笛在月明楼。

从以上诗词可以看到，一茎芦苇，一叶芦花，承载了太多的诗情别韵：它是送别时的那一抹悲愁，"送君别有八月秋，飒飒芦花复益愁"；它是刘长卿对漫漫仕途的满怀忧虑，"客路向南何处是，芦花千里雪漫漫"，芦花如雪，漫漫千里，道阻且长；它亦是封建士子安放自己疲惫心灵的后花园，"纵然一夜风吹去，只在芦花浅水边"，自由闲适，无拘无束，洒脱与超然并存；"国家不幸诗家幸，赋到沧桑句便工"，它更是李煜、文天祥饱含血泪的亡国之痛、家国之悲，"千里江山寒色暮，芦花深处泊孤舟"是不可回首的故国之思，"满地芦花和我老，旧家燕子傍谁飞"是国家沦亡的彻骨悲怆。

历史流转，"苍苍蒹葭"早已烙上了文明的印记，铭刻着文化的脉络，而《诗经·蒹葭》如清泉一缕，汩汩流淌，把文人墨客的蒹葭之思、志士仁人的伊人之恋滋养得绿意盈盈，浩浩汤汤。

"蒹葭苍苍，白露为霜。"蒹葭虽然繁茂，可是白露已降，秋霜浓重，芦花飘飞的季节即将来临，处于北方的秦地很快将转入漫天风雪的凄寒之境；"蒹葭萋萋，白露未晞"，白露虽然还没有干，但蒹葭依然繁茂，蒹葭就是隆冬烈风中一杆倔强的旗帜，是一个奔走在"苟利国家生死以，岂因祸福避趋之"路途上白衣飘飘的士子，卑微但不卑贱，困顿但不苟且；"蒹葭采采，白露未已"，白露虽然还没停止，蒹葭却依然倔强地繁茂着，在凄寒中守望着明天，在孤寂中憧憬着未来，冬天来了，春天还会远吗？

岁月如同一条缓缓流淌的河，不知浸润了多少悲欢离合的歌谣，沉淀了多少金戈铁马的传说，崇高在其中显彰，志气在波流中激荡。"黄河之水天上来，奔流到海不复回"，那滚滚洪流，不知裹挟了多少仁人志士的不遇之悲，承载着多少忠臣烈士的家国之梦。古代以河水为情感载体的诗歌可谓如恒河沙数。

秋水时至，百川灌河。泾流之大，两涘渚崖之间，不辩牛马。

——《秋水》先秦　庄子

白日依山尽，黄河入海流。欲穷千里目，更上一层楼。

——《登鹳雀楼》唐　王之涣

欲渡黄河冰塞川，将登太行雪满山。

——《行路难·其一》唐　李白

大漠孤烟直，长河落日圆。

——《使至塞上》唐　王维

三春白雪归青冢，万里黄河绕黑山。

——《征人怨》唐　柳中庸

在这些诗文中，黄河是充满哲理的，如《秋水》中借河伯与北海若的对话，形象地阐明了大与小、多与少的相对关系；《登鹳雀楼》诗以黄河起兴，引入对高与远的哲理思考，成为经典中的经典。黄河象征难以逾越的阻碍，隔断了多少封建士子追逐治国平天下的梦——"欲渡黄河冰塞川，将登太行雪满山"；"请君暂上凌烟阁，若个书生万户侯？""黄河之水天上来，奔流到海不复回"，那奔腾不息的岂仅是汗漫邈远的河水？更是理想不能实现的苦泪与坚韧，绝望与希冀啊！而这种情感与哲思不能不说滥觞于《诗经》，《诗经》中关于"河水"的描摹与述说恒河沙数。

《诗经》开篇《关雎》就写道："关关雎鸠，在河之洲。窈窕淑女，君子好逑。参差荇菜，左右流之。窈窕淑女，寤寐求之。"那河水濯濯出美丽妖娆的女子，可正是隔着那宽广的河水，追求成了一个缥缈的梦。

《卫风·河广》则表达诗人的望乡之情："谁谓河广？一苇杭之。谁谓宋远？跂予望之。谁谓河广？曾不容刀。谁谓宋远？曾不崇朝。"诗人可能是侨居卫地的宋国人。卫国在戴公之前都于朝歌，和宋国隔着黄河。本诗只说黄河不广，宋国不远，而思乡盼望之情在言外之中。"一苇杭之"，用一片芦苇就可以渡过黄河了，因思乡情切，极言渡河之易。"曾不容刀"形容黄河并不宽，在诗人眼中很狭窄，简直是"不容刀"。可是现实中漫溢的黄河确为宋人回归故国的最大的阻碍。

《邶风·柏舟》则是通过忧思深重者泛舟大河以排遣心中的忧愁，描写出不得志者的哀怨："泛彼柏舟，亦泛其流。耿耿不寐，如有隐忧。微我无酒，以敖以游。……忧心悄悄，愠于群小。觏闵既多，受侮不少。静言思之，寤辟有摽。……静言思之，不能奋飞。"

——《〈诗经〉中的黄河风情》刘玉娥

黄河宽广，"泾流之大，两涘渚崖之间，不辩牛马"；黄河汹涌，"倒泻银河事有无，掀天浊浪只须臾"。即便是今天，横渡黄河尚且不易，何况是两千多年前《诗经》所处的时代！故而诗人借黄河表达追求的不易，执着的坚韧，实为常见。"所谓伊人，在水一方"中的"水"，既给人以希望，给人以生命，又喻示着某种阻隔，是时空的距离，是情感上的落差、地位上的悬殊，是奸臣的阻挠，还是君主的昏庸等等，导致自己某种理想与企求难以实现。"滚滚长江东逝水，浪花淘尽英雄""水能载舟，亦能覆舟""人性之善也，犹水之就下也"，正是因为水的多义性，才让"在水一方"显得那么迷茫，朦胧，却又有诗一般的美好，承载许多诗性的遐思与理趣。

《孟子·离娄》云："有孺子歌曰：'沧浪之水清兮，可以濯我缨；沧浪之水浊兮，可以濯我足。'孔子曰：'小子听之！清斯濯缨，浊斯濯足矣，自取之也。'"水之清浊，映射出的是人的清浊，可谓"清者自清，浊者自浊"。

屈原《渔父》中亦云："渔父莞尔而笑，鼓枻而去，乃歌曰："沧浪之水清兮，可以濯吾缨；沧浪之水浊兮，可以濯吾足。"屈原在《渔父》中借水塑造了一个高蹈遗世的隐者形象，从而表达自己对现世的不满，对君王的失望，也是他最终投身汨罗的思想前提。

李太白在《长相思·其一》中长吟"上有青冥之长天，下有渌水之波澜"。那渌水是阻绝诗人实现自己人生理想的最大障碍，正是如此，诗人才痛号："天长路远魂飞苦，梦魂不到关山难。"

苏子瞻同样因水而思："客亦知夫水与月乎？逝者如斯，而未尝往也；盈虚者如彼，而卒莫消长也。"表面上的通达明悟并不代表诗人真正放弃了治国平天下的人生理想。"老僧已死成新塔，坏壁无由见旧题。往日崎岖还记否，路长人困蹇驴嘶。""壁"虽已坏，但往日的梦想与追求又岂能忘怀！

而在水一方的"伊人"更是古诗词中的一个典型的原型意象。"伊人"指那个人，常指女性；"所谓伊人，在水一方"，字面意思是说所说的那个意中人，在水的那一边。"伊人"是自我渴望见到的对象，是心中念念不忘、日思夜想的，可是由于现实的阻隔，难以到达其身边。这正如那些"怀抱利器，郁郁适兹土"的士人，或"信而见疑，忠而被谤"的官员，梦寐以求的是回到朝廷，得到君王的赏识与重用，"学成文武艺，货与帝王家"。可是"千里马常有，而伯乐不常有"，留给这些富有家国情怀的人的是无尽的等待，是"眼枯即见骨"的眺望。

"乘鄂渚而反顾兮，欸秋冬之绪风。步余马兮山皋，邸余车兮方林"，屈原离开郢都时是一步三回头，百般不舍心中的"伊人"；"闲来垂钓碧溪上，忽复乘舟梦日边"，赐金放还后的李太白同样对君王有热切的期望，他希望像姜尚一样垂钓碧溪，钓来自己的真命天子，即使是梦中，也离不开"日边"，即君王；"桂棹兮兰桨，击空明兮溯流光。渺渺兮予怀，望美人兮天一方"，即使是旷达豪迈如苏子瞻，也摆脱不了对功名的企盼，对回到王朝中心、君主身边的渴望。

> 长相思，在长安。
>
> 络纬秋啼金井阑，微霜凄凄簟色寒。
>
> 孤灯不明思欲绝，卷帷望月空长叹。
>
> 美人如花隔云端！

——《长相思·其一》唐 李白

李太白一句"长相思，摧心肝！"写尽了读书之人、失路之士心中的悲怆。可是，他们放弃了心中的理想，淡忘了修身齐家、治国平天下的终极目标吗？显然没有。陶渊明虽有"采菊东篱下，悠然见南山"的隐者之趣，但心底却不时会升起"刑天舞干戚，猛志固常在"的用世之志；孟浩然哪怕徜徉在"夜来风雨声，花落知多少"的闲静淡雅中，也有"欲济无舟楫，端居耻圣明。坐观垂钓者，徒有羡鱼情"的从政之心。正如范希文在《岳阳楼记》中所言"居庙堂之高则忧其民，处江湖之远则忧其君"。

这种百折不挠、坚韧不拔、至死不改的执着被称为理想主义精神，而这种理想主义精神在《诗经·蒹葭》中得到了最形象化的表达。

溯洄从之，道阻且长。

溯游从之，宛在水中央。

…………

不管实现理想的道路是多么曲折，通向理想之途的时空距离是多么遥远，都无法阻止诗人对理想的追求，无法消解诗人对治国平天下的热望，因为他们坚信，心中的"伊人"在水一方，只要持之以恒地追求，坚定不移地努力，总有云开日出、风云际会的那一天。

这种等待可能如白居易的《花非花》所描绘的情景一样，"花非花，雾非雾。夜半来，天明去。来如春梦几多时，去似朝云无觅处"。可是正是这种若即若离、似真似幻的等待才具有一种别样的美丽。"众里寻他千百度，蓦然回首，那人却在，灯火阑珊处"，是所有理想主义者的期待，也激励一代代富有理想主义精神的人们风雨兼程，奔走在为国为民的曲折的道路上。

《诗经·蒹葭》如同一条水汽淋漓的大河，那奔腾不息的理想主义精神，把几千年中华文明滋养得枝青叶绿，百草丰茂。

孔子是富有理想主义精神的，他生于春秋末期，正值当时新旧社会交替之际。周天子已失势，王室衰微，诸侯大夫专权，烽火连年，人民陷入"易子而食，析骸以爨"的境地。所谓"春秋二百四十四年，亡国五十二，弑君三十六"，"诸侯奔走不得保其社稷者不可胜数"，天下无道，人欲横流。一方面是奴隶制趋于崩溃，另一方面是新兴的封建制正待建立，旧的制度尚未完全崩溃，新的制度又未完全建立。社会在动荡中急剧变化，人与人之间的关系出现了混乱。在这种情况下，孔子提出了"仁"的思想，用以匡正被弄混了的人际关系、社会关系、道德关系，以适应时代的需要。

仲弓问仁。子曰："己所不欲，勿施于人。"

————《论语·颜渊第十二岁》

子曰："夫仁者，己欲立而立人，己欲达而达人；能近取譬，可谓仁之方也已。"

————《论语·雍也》

颜渊问仁，子曰："克己复礼为仁。一日克己复礼，天下归仁焉。"……樊迟问仁。子曰："爱人。"

————《论语·颜渊》

子曰："志士仁人，无求生以害仁，有杀身以成仁。"

————《论语·卫灵公》

孔子欲以"仁"来匡正礼崩乐坏的时世，但此时诸侯正厉兵秣马，枕戈待旦，准备大干一场，来成就一番大事业，又有谁能倾听、接纳与实施孔子的"仁"呢！

据《史记·孔子世家》记载，一日，孔子到了郑国，与弟子走散了。子贡发现河边有一位老人，就询问他，老人说他没看到，但东门倒是有个人，"累累若丧家之狗"。孔子后来听说这个比喻，欣然笑曰："形状，末也。而谓似丧家之狗，然哉！然哉！"

老人的确是孔子的知音，孔子是没有家园的，他奔走六国，推行自己的礼义教化，处处奔走，处处碰壁，有两次甚至遭遇死亡的威胁。他的确是如落水狗一样的落魄；但却以忠犬一样的忠诚守卫着自己的精神理想，明知不可为而为之。

北宋张载曰："为天地立心，为生民立命，为往圣继绝学，为万世开太平。"这是孔子之人生，也是儒学之精髓。"修身，齐家，治国，平天下"成了所有读书人的终极目标与人生理想，并激励着他们在生命的路途上孜孜以求。

孟子曰："五亩之宅，树之以桑，五十者可以衣帛矣。鸡豚狗彘之畜，无失其时，七十者可以食肉矣。百亩之田，勿夺其时，数口之家，可以无饥矣；谨庠序之教，申之以孝悌之义，颁白者不负戴于道路矣。七十者衣帛食肉，黎民不饥不寒，然而不王者，未之有也。"这是孟子的社会理想，为了实现自己的社会理想，他同样奔走于六国王侯之间，也旗帜鲜明且无所畏惧地宣传自己的思想学说和政治主张。

如孟子见了梁襄王后，"出，语人曰：'望之不似人君，就之而不见所畏焉。'"更有"君有大过则谏，反复之而不听，则易位"之语。孟子为了宣扬与追求自己的社会理想，无惧走向掌握着生杀予夺的统治者的对立面。

古往今来，无数仁人志士前赴后继，构成了中国的脊梁，正如鲁迅先生所说："我们从古以来，就有埋头苦干的人，有拼命硬干的人，有为民请命的人，有舍身求法的人，……虽是等于为帝王将相作家谱的所谓'正史'，也往往掩不住他们的光耀，这就是中国的脊梁。"（鲁迅《中国人失掉自信力了吗》）

《论语》第二章第二节说："《诗》三百，一言以蔽之，曰：思无邪。"

《诗经·王风·黍离》云："知我者，谓我心忧，不知我者，谓我何求。"

"蒹葭苍苍，白露为霜。所谓伊人，在水一方。"《诗经·蒹葭》可谓在爱情的隐喻中微言深中，表达了有志者最纯正的理想追求。"知我者，谓我心忧，不知我者，谓我何求。"我们只有结合现今时代谈理想，才能有所感悟。正如王国维所言"《诗·蒹葭》一篇，最得风人深致"，我们可以称《诗经·蒹葭》为"理想主义精神的滥觞"！

京华风尘客，千秋家国梦

——《临安春雨初霁》细读

继《书愤》之后，统编教材选择性必修下册"古诗词诵读"部分又选入陆游《临安春雨初霁》一诗，虽两诗创作于同一时期——淳熙十三年（公元1186年），但两者风格颇为不同：《书愤》抚今追昔，如鼙鼓骤急，雄迈奔放，壮志难酬之愤与壮心未已之希冀动地而来，惊心动魄；《临安春雨初霁》于沉郁中有更多清新明丽，怅惘低回，留下了许多质疑思辨之处，给我们创造了细读深品的契机。若能引导学生以文本为平台，创设阅读情境，细读文本，不仅可感同身受于诗人不遇于时的悲叹，亦可体会到老骥伏枥的衷曲，感奋于诗人"报国欲死无战场"的孤忠，从而激励青年学生"位卑未敢忘忧国"，培养他们正确的审美观与积极向上的人生价值观，激励他们积极投入到社会创新的洪流中，为实现大国复兴梦而奋斗。

一、扪心深问，同振共情

"上马击狂胡，下马草军书。"陆游虽有报国之志，治军之才，但一直辗转于通判、知州等职，甚至几度被免官，蛰居于故乡山阴（今浙江绍兴），其抑郁不平、忧思愤懑之情累积于心，发愤于笔端，不能不令人唏嘘，如诗人淳熙九年（公元1182年）所写《夜泊水村》，"腰间羽箭久凋零，太息燕然未勒铭。老子犹堪绝大漠，诸君何至泣新亭"不仅写遭时弃置而壮志未酬的苦痛与矛盾，更借"新亭对泣"典故痛斥南宋小朝廷的那些达官贵人懦怯孱弱丑态，他们不仅畏金人如虎，而且阻人击楫中流，诋毁、排挤主战之士，令志士不齿，令爱国者侧目。可恨的是，"主和"声音竟成了朝廷主流，而陆游等主战之士被日渐冷落。至南宋淳熙十三年（1186），陆游再次被征召时，他已在家乡赋闲了五年，其间"门前冷落鞍马稀"的情景越发让诗人对南宋小朝廷的软弱与黑暗，对人情的势利与自私看得更为分明。

1186年春天，62岁的诗人应召来到了南宋都城临安（今浙江杭州），被朝廷起用为严州知州，赴任之前，诗人去觐见皇帝，住在西湖边的客栈里听候召见，写下了这首流传千古的七律名作《临安春雨初霁》。诗人徘徊于客栈之中，听春雨淅沥，思朝廷现状，不能不心有戚戚焉。

唐杜牧有诗"跡去梦一觉，年来事百般"，梦醒之后，想到的是近年来的各种事情。陆游诗"世味年来薄似纱"中"年来"指近年来则为贴切，诗人屡经诋毁，免官屈居于家乡，宦海沉浮的沧桑、人情瘠薄的感慨、明哲保身者的倾轧等等，不得不让诗人感慨万千，因而有"世味年来薄似纱"的深沉喟叹。何况严州知州之任本非诗人理想，萦绕于诗人心中的应是"铁马秋风""塞上长城"，是"一闻战鼓意气生，犹能为国平燕赵"。可是"一身报国有万死，双鬓向人无再青"，报国的理想、时不我待的焦灼又让他走出山阴，投身于家国天下，这也为下句"谁令骑马客京华"蓄势，"薄似纱"的世味依然，报国的道路又怎不坎坷难行？

"客京华"一词，昭明了诗人对自我处境的理性认知。"暖风熏得游人醉，直把杭州作汴州。"自己只不过是虚假繁荣、纸醉金迷、醉生梦死的杭州城的一个格格不入的过客，众人皆醉，举世混浊，是同流合污，苟且于世？是振臂疾呼，痛陈是非？是"致广大而尽精微"，为官一任，造福一方？面对种种选择，儒家至圣早已做了回答，《论语·微子》："凤兮凤兮！何德之衰？往者不可谏，来者犹可追。已而，已而！今之从政者殆而！"孔子明知不可为而为之。在儒家传统文化濡染下成长起来的陆游，其内心深处同样坚守"位卑未敢忘忧国"的理念，虽明知为京华过客，但依然不改赤子之心。

进入诗的情境，"谁令骑马客京华"之"谁"则不言自明，此句为诗人扪心自问之语、矛盾纠结之情的外在表现。表面上是诗人应朝廷之召而来到京城，实质上表现了诗人对自我行为的反思，虽预感朝廷不可能任他以抗击金人的重任，但若有报国的纤微之机也应尽力而为，虽明知此行免不了遭谗言诋毁，但诗人仍然怀揣"报君黄金台上意，提携玉龙为君死"的感恩与希冀踯躅于西子湖畔的客栈之中。

二、春雨杏花，情深梦美

大多数人认为此诗第二联"小楼一夜听春雨，深巷明朝卖杏花"是以乐景写悲情，更显其悲，体现了一种高超的写作手法，也就是"以乐景写哀情"，这是借景抒情的一种常见写作手法。

"一夜听春雨"正说明诗人情绪淤积心头，无法排遣，以至于辗转反侧，整夜未寐，潇潇春雨便成了唯一与之相伴的知音，内心何等凄苦，杏花虽美无绪去赏，反添其乱，又是何等焦灼。但若我们能回到诗歌所创造的情境细品诗句，我们也许会发现"春雨""杏花"绝非以乐景衬哀情那么简单，只有设身处地才能体悟个中况味。

春雨淅淅沥沥，一夜未停，更紧要的是诗人听雨竟一夜未眠，更见其待召心情的复杂，思虑千转百回，既有对少年时代意气风发，临边御敌时铁马秋风、楼船夜雪，身如"林下僧"落寞失意等的回忆，也有对的北伐大计、宏图伟略的思考，更有对面君之后的期待与希冀。林林总总，注定了这是一个漫长的令人期待的又有不尽忐忑的不眠之夜。

白居易《买花》写暮春市人买牡丹的情景，"共道牡丹时，相随买花去"，可见卖花早已有之。春天的杭州，一夜春雨，诗人想象，杏花在雨的润泽下绽芳吐艳，明日深巷之中一定会传扬开甜美的卖花声。当然，我们品读的不是卖花这一风俗，而是这美丽的想象中蕴含的诗人的心境。

赋闲五年，62岁的诗人得到朝廷征召，来到杭州，于客栈中等待皇上召见，心中有感慨，有志忑，但更多的应是期待，期待陈述己见以伸怀抱。春天是万物勃发的季节，而屈抑已久的诗人等待货于帝王家，不就如同待价而沽的杏花，期待经过春雨洗礼，更受君主青睐。

南北宋之交的诗人陈与义有诗"客子光阴诗卷里，杏花消息雨声中"，魏庆之诗话集《诗人玉屑》将其列为"宋朝警句"，不言"宋诗"，而说"宋朝"，认为这二句诗应寄寓了深沉的家国之思。陈与义为洛阳人，北宋灭亡后，流寓江南，此时免官移居青镇（今属浙江桐乡），诗中有客居他乡之叹，期盼收复故土之情实为应然。此诗句作于1136年，当时即广为传诵，陆游与陈与义人生际遇相近，忧国情感相同，"深巷明朝卖杏花"与之实有异曲同工之妙，希冀与期盼确为诗应有之义。

再看陆游于1208年所写《海棠歌》，"若使海棠根可移，扬州芍药应羞死。风雨春残杜鹃哭，夜夜寒衾梦还蜀"，此时诗人已84岁，壮志成空，唯有残梦，春雨芍药成了长歌当哭所憎厌的对象，不再有当年春雨杏花的美丽期待。

宗白华先生说："艺术意境不是单层的平面的自然的再现，而是一个境界层深的创构。"诗人作《临安春雨初霁》时的心情确实是十分复杂，但正是这种复杂才有诗歌的多元审美体验，才给我们留下了细读的空间，"小楼一夜听春雨，深巷明朝卖杏花"中的春雨杏花，寄寓着诗人的深情，蕴含着诗人明知不可为而为之的美梦。

三、作草分茶，形闲意拙

有疑虑，有徘徊，有期待，所以自然而然地有百无聊赖的等待。"矮纸斜行闲作草，晴窗细乳戏分茶"就是诗人等待中的心境的直观表现。

"矮纸"即短纸，诗人铺开小纸从容地斜写着草书。这一句实是暗用了张芝的典故。西晋卫恒《四体书势》载：

> 汉兴而有草书，不知作者姓名……弘农张伯英者，因而转精甚巧。凡家之衣帛，必书而后练之。临池学书，池水尽黑。下笔必为楷则，号"匆匆不暇草书"。寸纸不见遗，至今世尤宝其书，韦仲将谓之草圣。

据说张芝擅草书，但平时都写楷字，人问其故，回答说"匆匆不暇草书"，意即写草书太花时间，所以没工夫写。陆游客居京华，闲极无聊，所以以草书消遣。

"分茶"是士大夫们闲暇时的一种品鉴游戏，所以被放翁称作"戏"。将初沸的开水注入装有茶末的瓯中，茶糊自然随沸水上升，呈现出有一定厚度和形状的汤花。由此可以知道，在"晴窗细乳戏分茶"这句诗中，所谓"细乳"，指的是分茶时浮于汤面的白色乳状物。"分茶"是士大夫们打发无聊时光、竞显奢华生活的一种费时的游戏，对于"一身报国有万死，双鬓向人无再青"的陆游来说，无异于是一种痛苦的煎熬，所以"作草"着一"闲"字，"分茶"竟为无聊之游戏，看似漫不经心，内心颇为烦乱，外表故作悠闲，内心实乃朴拙。

陆游在小小客栈中百无聊赖地等待着皇上的召见，即使这种等待是如此的漫长，意趣索然，甚至于只能用"闲作草""戏分茶"来打发时光，但他依然等待着，虽心中有许多的无奈甚至是愤懑，但为了能有一伸壮志的机会，他落寞地等待着。

四、素衣风尘，声叹心坚

"素衣莫起风尘叹"，作为苦读诗书的博学之士，陆放翁对晋代陆机《为顾彦先赠妇》诗"京洛多风尘，素衣化作缁"应是谙熟的。这两句字面意思是说京城洛阳车马众多，尘土飞扬，使白衣变成了黑色；暗喻京城邪恶势力猖狂，玷污人的品格，久居于此则会为其所化。

陆机诗结句"愿假归鸿翼，翻飞浙江汜"，表达了诗人的愿望，希望能借助天鹅等自由的翅膀，翱翔于杭州西湖等美丽的自然风景中，得到片刻宁静和舒适。而辗转反侧于西湖小客栈中的陆游，其内心之纷乱与陆机相比有过之而无不及，但为了"铁马冰河"的理想，他依然故作从容，反其意而用之，安慰自己"莫起风尘叹"。

后唐孟郊亦有诗"始知吴楚水，不及京洛尘"，表达了对友人贬官外放的同情，京城才是士子实现治国平天下抱负最理想的舞台。"莫起风尘叹"，既可解读为诗人"清者自清，浊者自浊"的坚信，即使身处流行"分茶"的临安，诗人心中总是挂念"雪晓清笳乱起""铁骑无声望似水"的铁马雄关、遗民血泪，一个"闲"字从容万分，一个"戏"字睥睨万夫。"莫起风尘叹"也是诗人的自我安慰与勉励，若要实现"一片丹心报天子"的忠诚，又哪里在意临安风尘？"素衣莫起风尘叹"解读为诗人踯躅中的期待、困顿中的坚守可能更符合诗人彼时情境。而"犹及清明可到家"，更是诗人对自己最后的宽慰，等待是漫长的，结果也许不尽如人意，但即使是最坏的结果，也不会影响诗人清明前回家。从起点回到原点本就是生命最终的形态。

虽陆游有"深巷明朝卖杏花"的期待，但宋孝宗并不了解他的真正抱负，只叫他到严州后，"职事之暇，可以赋咏自适"。新职虽不合陆游素志，但他依然勤勉从事，"宽期会，简追胥，戒兴作，节燕游"，深得当地人民爱戴。

公元1189年，陆游因谏劝朝廷"力图大计，宵旰弗怠"而遭奸佞之徒的弹劾，以嘲咏风月的罪名被再度罢官，此后，陆游长期蛰居农村，"天下可忧非一事，书生无地效孤忠"！

黑格尔说："诗不像绘画那样局限于某一定的空间以及某一情节中的某一一定的时刻，这就使诗有可能按照所写对象的内在深度以及时间上发展的广度把它表现出来。"《临安春雨初霁》就是这样的作品，儒家传统文化培养了诗人明知天下不可为而为之的家国情怀，大动乱的时代孕育了诗人舍身赴国、一往无前的热情与坚定，再加上诗人愈挫愈勇的人生经历，其诗作更显蕴藉丰厚、境深情热，在空间的转换与时间的流动中蕴含深厚情致，非入境细读难以体会其妙。

《临安春雨初霁》如同一件浑厚朴拙的青铜器，只有慢慢观赏，细细品味，才能发现斑驳陆离的历史深处焕发出来的大美。那里有诗人屈抑于世的悲愤，有孜孜以求的愚拙，有"道不行，乘桴浮于海"的痴人憾恨。而横贯诗章，激越千年的是"京华风尘客，千秋家国情"！

参考文献

［1］张玲.中华传世名著经典文库：论语［M］.珠海：珠海出版社，2002：199.

［2］鲁智瑛.《临安春雨初霁》细读［J］.语文教学与研究，2022（6）：147.

［3］张军霞.《临安春雨初霁》以乐写哀手法品析［J］.语文天地，2016（12）：16.

［4］宗白华.境界：中国美学十八讲［M］.重庆：重庆出版社，2021：25.

［5］陆精康.说"晴窗细乳戏分茶"［J］.中学语文，2003（19）：9-10.

［6］黑格尔.美学：第三卷　下册［M］.朱光潜，译.北京：商务印书馆，1981：6.

落拓人生，澡雪精神

——《登快阁》主题辨析

"落木千山天远大，澄江一道月分明"为北宋著名诗人黄庭坚《登快阁》中的名句，以千山落木衬远天、一道澄江映月明的雄奇阔大和清朗明澈之境赢得了历代诗评家激赏以及无数后学仰止。高中语文选择性必修下册古诗词诵读部分的阅读提示对《登快阁》作了初步解读："云收雨歇，天色向晚，诗人登快阁倚栏游赏，看起来十分寻常，可开篇自称了却官事的痴儿，便让诗作带上了一些自嘲、兀傲之气。接下来，作者用树、山、天、江、月勾画出一个阔大幽远的境界，为抒发情志作好了准备。在颈联和尾联中，诗人感慨知音难觅，唯幸美酒相伴，期望坐上归船，吹着长笛，与白鸥订盟，相誓归隐，永诀机心。"但此解读颇为笼统，有如雾里看花，不甚明了。

现代亦有学者从不同角度对此诗主题进行了解读，如：

翁方纲评此诗说"坡公之外又出此一种绝高之风骨，绝大之境界，造化元气发泄透矣"。所谓"绝大之境界"主要体现在颔联；所谓"绝高之风骨"，指前面所分析的诗人不愿与腐败官场同流合污，决心急流勇退、保持高尚耿介的人格节操。

这首诗描写他登阁所见的秋日黄昏美景，表现其胸襟品格，抒发其思乡怀友、弃官归隐之情，是山谷的七律名篇。

《登快阁》中自有不快意，但是治心养气的性情决定了山谷会有所节制。……不平之气与烦恼之心平顺之后自然获得宁静。故颔联比首联写得更平静，全无动词，只有名词意象，落木无声、江水澄澈、皓月皎洁，一片宁静。

诗人在观山观水观月中观见了光明本心，故诗歌虽以牢骚的"痴儿"开篇，却以盟鸥的"此心"作结。

以上分析颇有共通之处，即认为此诗更多的是表现黄山谷归隐之心、静泊澹远之气。此若为诗中真意，为什么读此诗扑面而来的却是空阔豪迈、志气高华之感？若要深入辨析《登快阁》主题，体察"落木千山天远大，澄江一道月分明"中所蕴含的深刻思想与博大抱负，非知人论世、披文析理不可。

一、自嘲"痴儿"却还痴

"痴儿了却公家事"，《登快阁》开篇即引用古人"痴儿"典故，诗评者大多认为为"自嘲"之意，但我们为什么不能理解为"公事虽繁忙，处理却有方"的自矜自得之情呢？"痴儿"实为解读此诗之锁匙。

《晋书》卷四十七记载，傅咸为人清正耿直，屡屡批评在朝廷执政的杨骏。杨骏是晋武帝司马炎的岳父，权势既大，又有倚仗，对此很是不快。其弟杨济平素与傅咸颇有交情，于是就写信劝傅咸说："江海之流混混，故能成其深广也。天下大器，非可稍了，而相观每事欲了。生子痴，了官事。官事未易了，了事正作痴，复为快耳。"一段话中总计有五个"了"，意义则有二：一是清晰，一是完结。"痴"的本意是呆，是傻。而魏晋人往往用"痴"来形容那些心性纯正之人，如顾恺之当时就有"痴绝"之名。杨济关心傅咸，故劝告他，在官场中，就要懂得糊涂才是聪明："江海之所以深广，是因为吸纳溪流不分清浊；要成就天下大业的人就不可以每事讲究明白，而您却凡事都要说个清楚。俗话说，生个痴呆儿，处理官场事，官场中事是不可以以明白清楚来要求的，要求事事清楚，只是一痴，虽然快心逞意，却难免祸害。"因此，杨济这番话中的"痴"既指天性迟钝，又指执着于信念而不能随机应变者的"痴性"。诗中所谓"痴儿"取意在后者。

黄庭坚秀拔过人，早登科举，深谙儒家经世致用之理。从与《登快阁》同期所写诗《赣上食莲有感》"甘餐恐腊毒，素食则怀惭。莲生淤泥中，不与泥同调"中可探求其心曲。吃甜的怕有毒，比如做大官拿重禄，贪图享受，害了自己；做官不办事吃白食，便感到惭愧。太和虽然偏在南隅，知县却是主事之官，对于一向处于闲散官位的黄庭坚来说，岂可等闲以度？《宋史》记载，黄庭坚知太和县，以平易治，体恤民生而不迎合上司。当时朝廷派售官盐以敛财，各县长官不顾百姓穷困而争报数量，"太和独否，吏不悦而民安之"。

"居庙堂之高则忧其民，处江湖之远则忧其君"，北宋的忠臣贤将已给黄庭坚树立了显豁的高标，其又岂能悠游于公事之外，放浪于江湖之远？"痴儿"既是对忙碌公务生活的解读，也是心有所得的自矜，更是公而忘私、介而不群的自我人格的肯定与执着！"快阁东西倚晚晴"，一个"倚"字，摇曳生姿，顾盼神飞，是对他娴于公事、施惠于民、心有所得的最好回报。

《聊斋志异·阿宝》："性痴则其志凝，故书痴者文必工，艺痴者技必良。世之落拓而无成者，皆自谓不痴者也。"黄庭坚虽人生落拓，却心坚如铁！

王国维曾言："大家之作，其言情也必沁人心脾，其写景也必豁人耳目，其辞脱口而出，无一矫揉装束之态。以其所见者真，所知者深也。"（《人间词话》上卷）可以作为黄庭坚"痴儿"的注脚。

二、落木千山志气远

"落木千山天远大，澄江一道月分明"，不说"落叶"而云"落木"，更显萧瑟、落拓之意，林庚先生在《说"木叶"》中有诗意的解读。

袅袅兮秋风，洞庭波兮木叶下。

——《九歌》战国末期　屈原

无边落木萧萧下，不尽长江滚滚来。

——《登高》唐　杜甫

辞洞庭兮落木，去涔阳兮极浦。

——《哀江南赋》南北朝　庾信

林庚先生说："至于'落木'呢，则比'木叶'还更显得空阔，它连'叶'这一字所保留下的一点绵密之意也洗净了。'落木千山天远大'充分说明了这个空阔。"

细较以上诗句，黄庭坚"落木千山"虽有借鉴杜诗之迹，但境界还是有很大不同。杜诗动感十足，那无尽的忧愁如落叶萧萧、秋水滚滚动地而来，惊心动魄，悲慨至极；杜诗在抒情中又寄寓了哲思，飘零中孕育着新生，逝去中包含着不断出现的动力源泉，给人以新的期待与憧憬。

"落木千山天远大"则萧瑟之意相对较弱，空阔昂扬之气更盛。诗人于快阁上游目骋怀，"落木千山"，于苍莽暮色中，群山绵延，树叶凋零，万树如戟，直刺长天，此情此景纳入诗人眼帘，胸中升腾起的绝非悲凉之气，确有李白《与韩荆州书》"心雄万夫""激昂青云"之壮气。姚鼐认为，这首诗"能移太白歌行于律诗"，很能道出它的特点。正因有"落木千山"的壮气，才可水到渠成地推出"天远大"的疏朗壮阔之景，唐人刘禹锡作"晴空一鹤排云上，便引诗情到碧霄"，空阔远天，更能激起扶摇而上的青云壮志。

那么，为什么黄庭坚"落木千山"借鉴杜诗之"无边落木"，境界却又如此不同呢？杜甫生于安史之乱、唐王朝由极盛而衰的剧烈动荡时期，因而其诗激荡的是变幻难测的磅礴；黄庭坚生活于北宋神宗朝，社会相对安宁，其诗难免映射出静穆时代的光华。

三、澄江月明见精神

1080年至1083年，黄庭坚主政太和（今江西泰和），以平易治理该县。他整吏治，抗盐税，察民情，被百姓称为"黄青天"。他坚持平易宽简施政理念，关注民生疾苦，呵护百姓利益，倡导"当官莫避事，为吏要清心""不以民为梯，俯仰无所怍"的从政为官主张，深受百姓爱戴，并亲书《戒石铭》用以自警。

王安石评黄庭坚："鲁直清才，非奔走俗吏。"正是他人格高蹈，品行清正，才能登快阁见"澄江一道月分明"。

千山疏朗，远天空阔，映衬得江流越发静穆、清澈；暮色四起，月映中流，更显明亮温润，柔和光洁。

此月虽为自然之月，又怎不是诗人心中如月一般的高洁情怀、清廉耿介风骨！若以此解读之，则"澄江皓月"成了诗人自勉之物，"秋江月景"成了诗人自励之场，这也正是诗人在趑趄的大宋官场中傲然卓立的写照，正如其手书《砥柱铭》"世道极颓，吾心如砥柱"。

诗人常于水清月明中畅叙幽情。如《奉答李和甫代简二绝句》（其一）"山色江声相与清，卷帘待得月华生"，清朗的山色风声与明月辉映，是诗人最期待的自然风景，清朗的人格亦是诗人最持守的精神节操；《夜发分宁寄杜涧叟》"我自只如常日醉，满川风月替人愁"，移情于风月，更增悲愁；《赠谢敞王博喻》"高哉孔孟如秋月，万古清光仰照临"，诗人将谢敞王与孔孟并提，比作明亮的秋月，闪耀着万古的清光。"水月澄怀"莫不是诗人高标人格的宣示！

南宋词人张孝祥于《念奴娇·过洞庭》中亦云"素月分辉，明河共影，表里俱澄澈"，表面写上下天光、皎洁月光、明亮星河，实际上洋溢着对自我人格的自信：三万顷湖上扁舟上的我，有如秋月，有如秋水，光明磊落，坦坦荡荡，言行一致，表里如一。黄庭坚写得婉曲，张孝祥直白放达，但他们同样坚定。

魏晋左思《咏史》云："振衣千仞冈，濯足万里流。"为什么要爬上千仞高山去抖衣服，走到万里长河边去洗脚呢？是要构成阔大而崇高的意境来寄托诗人的情怀，雄伟景象能使人精神得到充分舒展。

黄庭坚胸襟浩阔，有如千里澄江，清正人品、治世之心如涌出江面之月，明洁高朗。所以我们说"澄江一道月分明"更是诗人对自我人格与操行的自信与激励。《庄子·知北游》："汝齐戒，疏瀹而心，澡雪而精神。"黄庭坚正是用这种诗意的抒写来澡雪精神。

四、长笛白鸥期归隐？

孔子曰："道不行，乘桴浮于海。"但孔子终其一生都在为"道"而奔走，当其奔走于六国之间，"仁"的政治理想难以实现时，即回到故乡曲阜开坛授徒，化育三千弟子、七十二贤人，从此，中华文明的夜空星光熠熠，而"浮于海"成了遗落数千年的浪漫怀想。

陶渊明虽在行动上践行了"穷则独善其身"的理念，但"此中有真意，欲辨已忘言"，心里总有一个声音在自觉或不自觉地呐喊，从往昔的"脂我名车，策我名骥，千里虽遥，孰敢不至！"到暮年"日月掷人去，有志不获骋""刑天舞干戚，猛志固常在"，无不昭示着诗人生不逢时、报国无门的悲凉。

　　黄庭坚诗有太白气象，即使是潇洒出尘的李青莲亦常怀济世报国的理想，"美人如花隔云端！上有青冥之长天，下有渌水之波澜"，何况是生于北宋朝的黄庭坚！

　　"惟草木之零落兮，恐美人之迟暮""渺渺兮予怀，望美人兮天一方"，以"美人"喻帝王，明怀才不遇之意，实为古诗中常用手法，故而颈联上句"朱弦"用伯牙与钟子期知音之事，可以理解为正话反说，以抒怀才而不被赏识的愤懑之情，"佳人"亦为"美人"。下句"青眼"则用阮籍之事，《晋书》记阮籍不拘俗礼，任心而行，口不臧否人物，能为青白眼，以示好恶。他为母亲服丧，"嵇喜来吊，籍作白眼，喜不怿而退。喜弟康闻之，乃赍酒挟琴造焉。籍大悦，乃见青眼"。白眼，即今所谓对眼，以眼白向人，表示不快。青眼，指瞳孔，即正眼相看，表示喜爱。"青眼聊因美酒横"意谓尽管周围人事不快，又何妨自作青眼而特立独行呢？在这里诗人用一"横"字写出自己遭遇挫折而不悔其志、坚持自我而兀然傲世的姿态。这正是诗人坚持自我，一心为民而不改其操的恣意抒写。如同时期诗作《奉答李和甫代简二绝句》（其二）"长为风流恼人病，不如天性总无情"，此处"风流"应指诗人心中苦苦追求的治世理想、家国怀抱，可又难以实现，故而"恼人病"，后句"总无情"实为正话反语，更显其"忧乐关乎天下"而不得的痛苦。其拳拳之心、赤子之情可见一斑。

　　1098年黄庭坚被贬戎州（今四川宜宾），作《次韵黄斌老所画横竹》，"酒浇胸次不能平，吐出苍竹岁峥嵘。卧龙偃蹇雷不惊，公与此君俱忘形"，莫不是托物言志，借他人酒杯浇胸中块垒，既写出了自己郁勃不满的心情，也表达了在宦海风云中矢志不移的政治理想！

　　正是有这种卧龙偃蹇之志，忘形不惊的坚毅，黄庭坚虽被除去官衔，羁管宜州，亦能安然处之。"万里归船弄长笛，此心吾与白鸥盟"只不过是他宦海沉浮中的浪漫遥想，精神慰藉。

　　斯人已逝，风骨犹存。"落木千山天远大，澄江一道月分明"横贯的是其落拓人生、澡雪精神。

参考文献

[1] 吴晟.意态兀傲，风骨绝高：黄庭坚《登快阁》读解[J].中文自修，
 1994（8）：18.

[2] 陶文鹏.澄江一道月分明：黄庭坚《登快阁》赏析[J].中华活页文
 选，2013（2）：69.

[3] 杨玉莲，高四维.《登高》《登快阁》颔联中的杜诗气象与黄诗境界
 [J].中学语文教学，2023（3）：52.

[4] 蒋方.痴儿、青眼及白鸥：黄庭坚《登快阁》诗赏析[J].古典文学知
 识，2008（3）：30.

[5] 缪钺，霍松林，周振甫，等.宋诗鉴赏词典[M].上海：上海辞书出
 版社，1987：600.

[6] 李泽厚.美的历程[M].北京：生活·读书·新知三联书店，2009：
 172.

[7] 卢昆，孙安邦.汉魏晋南北朝隋诗鉴赏辞典[M].太原：山西人民出
 版社，1989：454.

呕血"箜篌引"，踯躅郁抑情

——细读《李凭箜篌引》

统编高中语文教材选择性必修中册古诗词诵读部分的阅读提示只对《李凭箜篌引》的音乐特色进行了说明。

诗人以惊人的想象贯串神仙世界和人间世界，并把视觉、听觉、触觉等多种感官体验熔铸于一炉，营造出一种神出鬼没、石破天惊的独特意境。

王国维先生在《人间词话》中说："境非独谓景物也。喜怒哀乐，亦人心中之一境界。故能写真景物、真感情者，谓之有境界；否则谓之无境界。"不必讳言，《李凭箜篌引》写出了音乐的真境界，那么诗人的真感情又是什么呢？

诗人致力于把自己对于箜篌声的抽象感觉、感情与思想借助联想转化成具体的物象，使之可见可感。诗歌没有对李凭的技艺作直接的评判，也没有直接描述诗人的自我感受，有的只是对于乐声及其效果的摹绘。然而纵观全篇，又无处不寄托着诗人的情思，曲折而又明朗地表达了他对乐曲的感受和评价。这就使外在的物象和内在的情思融为一体，构成可以悦目赏心的艺术境界。

《唐诗鉴赏辞典》虽提到诗人致力于把自己对箜篌声的感情与思想借助联想转化为具体的物象，但对其感情与思想却语焉不详，颇有回避之嫌。清方扶南《李长吉诗集批注》认为，此诗堪与韩愈的《听颖师弹琴》、白居易的《琵琶行》齐名，三首诗"皆摹写声音至文。韩足以惊天，李足以泣鬼，白足以移人"。《唐诗鉴赏辞典》对白居易《琵琶行》所蕴含的诗人情感说明较明确："作者在被琵琶女的命运激起的情感波涛中袒露了自我形象。作者由于要求革除暴政、实行仁政而遭受打击，从长安贬到九江，心情很痛苦。"甚至直诉"同是天涯沦落人"。韩愈的《听颖师弹琴》也包含着对自身境遇的慨叹。但很难找到有关《李凭箜篌引》音乐的摹写与诗人情感关联的评介，这也是诵读此诗过程中学生提出的质疑。人教版高中语文选修《古代诗歌散文欣赏》也选入了此诗，归入"因声求气，吟咏诗韵"单元，"气"即诗人所贯注于诗歌中的情感、精神。既然如此，我们如何以文本之声去探寻其"气"，通过文本细读触摸到《李凭箜篌引》思想情感的真面目呢？

一、知人论世，飓风起于青萍之末

李贺于唐德宗贞元六年（790），出生于福昌县昌谷（今洛阳宜阳县三乡）的一个破落贵族之家，远祖是唐高祖李渊的叔父李亮（大郑王），属于唐宗室的远支，武则天执政时大量杀戮高祖子孙，到李贺父亲李晋肃时，早已世远名微，家道中落，隐沦昌谷。贞元二十年（804），14岁的李贺就已经誉满京华，与李益齐名了。元和三年（808）春，18岁的李贺离京返回昌谷。元和五年（810）韩愈与李贺书，劝其举进士。该年初冬，20岁的李贺参加房式主持、韩愈参与组织的河南府试，一举获隽，年底即赴长安应进士举。可是"阍扇未开逢獶犬"，妒才者放出流言，谓李贺父名"晋肃"的"晋"与"进"犯"嫌名"。尽管韩愈"质之于律""稽之以国家之典"为其辩解，终无可奈何，李贺不得不愤离试院。未能参加进士考试，对李贺打击甚重，他曾写了不少抒愤之诗。

大约因其为李唐宗室的后裔，又有韩愈为之推荐，元和六年（811）五月，李贺又返回长安，经宗人推荐，考核后，父荫得官，任奉礼郎，从九品。从此，"牢落长安"长达三年。为官三年间，李贺亲身经历，耳闻目睹了许多事情，结交了一批志同道合的朋友，对当时社会状况有了深刻的认识。个人生活虽不如意，却创作了一系列反映现实、鞭挞黑暗的诗篇。虽然此间心情"憔悴如刍狗"，但增长了生活阅历，扩充了知识领域，在诗歌创作上大获丰收。所谓贺诗"深刺当世之弊，切中当世之隐"（清姚文燮语），大多数作品就产生在这一时期。李贺由于抑郁不遇，年仅26岁就撒手人寰。

从李贺人生经历可知，其少有才名，亦立志于经世致用，可因时世不济，奸臣妒忌，科举难中，趑趄难遇，心中常有抑郁悲愤之情。

南园十三首（其五）

［唐］李贺

男儿何不带吴钩，收取关山五十州？

请君暂上凌烟阁，若个书生万户侯？

此诗由两个设问句组成，把身世之痛和家国之悲淋漓酣畅地表达出来，既有"国家兴亡，匹夫有责"的豪情，又有书生无用，怀才不遇的愤激。

而《李凭箜篌引》如"南园"一样，只不过给诗人提供了一个抒写自己屈抑于世的悲愤情感的一个凭借，正如过常宝老师所言。

李贺不是一个凡人，他生在我们这个世界上只是为了领略生存的苦难和烦躁，他以对死亡的渴望表达了对这个世界的反抗。《李凭箜篌引》其实与李凭没有关系，音乐家不过提供了一个契机，使得诗人再次领略到某种神秘的意味，并在这种神秘意味的对照下，表达了自己的生存感受。

飓风起于青萍之末，《李凭箜篌引》虽则瑰奇华丽，色彩缤纷，但那冷若冰霜的气韵绝非无源之水，无根之木，而是他身世趑趄与才为世屈的深微表达。

二、因声求气，悲情纤于箜篌之韵

《尚书·舜典》中记舜的话说："诗言志，歌永言，声依永，律和声。"《李凭箜篌引》约作于元和六年至元和八年，当时，李贺于长安任奉礼郎，李凭因善弹箜篌而名噪一时，"天子一日一回见，王侯将相立马迎"，身价之高，一时无两。李贺于诗中高度赞扬其演奏技艺，十分自然，但若认为此诗只是赞扬箜篌演奏技艺精湛，则不敢苟同。若我们沿着诗歌声韵去寻求诗中所贯串的诗情，也许可略窥一二。

（一）以乐府旧题，写身世悲情

"箜篌引"为乐府旧题，北宋郭茂倩所编《乐府诗集》："《箜篌引》，朝鲜津卒霍里子高妻丽玉所作也。子高晨起刺船而棹，有一白首狂夫，被发提壶，乱流而渡。其妻随呼止之，不及，遂堕河水死，于是援箜篌而鼓之，作

《公无渡河》之歌，歌曰：'公无渡河，公竟渡河！渡河而死，当奈公何！'声甚凄怆。曲终自投河而死。霍里子高还，以其声语其妻丽玉。玉伤之，乃引箜篌而写其声，闻者莫不堕泪饮泣焉。丽玉以其声传邻女丽容，名曰《箜篌引》焉。"

"渡河"，是一个凝固了抗争的极致与死亡的瞬间的意象，汉乐府《相和六引·箜篌引》叙写的是一个长歌当哭、以身殉情的悲惨故事，其词意凄怆悲痛。"箜篌引"作为乐府旧题，其往往用于抒写悲情，如"盛时不再来，百年忽我遒。生存华屋处，零落归山丘"（曹植），"疮病驱来配边州，仍披漠北羔羊裘。颜色饥枯掩面羞，眼眶泪滴深两眸，"（王昌龄），"古人抱恨死，今人抱恨生。南邻卖妻者，秋夜难为情。长安买歌舞，半是良家妇"（姜夔）等，李贺以"箜篌引"这一乐府旧题来摹写李凭箜篌之音，潜意识里就带有悲怆之色，而此色调或是他郁抑身世的映射。

（二）以华贵意象，写屈抑悲愤

"意象"是诗歌构成的核心，是外在物象与诗人思想情感的结合体，是进入诗人思想与情感世界的密码，《李凭箜篌引》中意象的选择让我们看到了诗人对自我才华的肯定与自信。

诗中意象可分为两类：

（1）吴丝蜀桐、昆山玉、凤凰、芙蓉、香兰、月亮寒光、五色石、老鱼、瘦蛟、寒兔。

（2）江娥、素女、紫皇、女娲、神妪、吴刚。

一类为物。"吴丝蜀桐"，说的是箜篌是用吴地的丝、蜀地的桐木做成，质地特别华贵。"桐"本为梧桐树，而梧桐树在中华传统文化中意蕴特别深厚，《诗经·大雅·生民》："凤凰鸣矣，于彼高冈。梧桐生矣，于彼朝阳。"《庄子·惠子相梁》云："夫鹓雏发于南海，而飞于北海；非梧桐不止，非练实不食，非醴泉不饮。"可见梧桐是与凤凰联系在一起的，是高贵、华美的代名词，可谓"天生我材"。"高秋"言演奏的时节宜人，秋高气爽，气候宜人，"张""语义颇丰，大体可以理解为弹奏的意思，但是这个意思是引申出来的……令人联想到姿态和胸襟的开放"（孙绍振《月迷津渡——古典诗词微观分析个案研究》）"张开"即有舒展之意，或许可以理解为作者以

"吴丝蜀桐"代借动听的箜篌乐音，整句指精妙的乐音在高朗的秋空中流淌。

《说文解字》："玉，石之美者。有五德：润泽以温，仁之方也……"《荀子·天论》中对玉极高推崇："在天者莫明于日月，在地者莫明于水火，在物者莫明于珠玉，在人者莫明于礼义。"《礼记·聘义》："君子比德于玉。"《老子》："知我者希，则我者贵，是以圣人被褐怀玉。"《楚辞·九歌·东皇太一》："抚长剑兮玉珥，璆锵鸣兮琳琅。瑶席兮玉瑱，盍将把兮琼芳；蕙肴蒸兮兰藉，奠桂酒兮椒浆。""玉"为天地之晶，在中华传统文化中其意蕴特别丰富，无不与美好的德行、杰出的才能、纯洁的品格相关联。

芙蓉为高洁、清净、神圣的代名词，香兰是娴静幽雅的象征，五色石更为女娲炼就的补天之神品，等等。所有这一切物象无一不昭示着李贺集才、德于一身的人格美与气质。借他人酒杯，浇自己胸中块垒。

一类为人。李贺于诗中所选择的那些神话人物，无一不是自我生命历程的真实写照。江娥，即屈原笔下的湘夫人娥皇、女英，"斑竹一枝千滴泪"；《史记·封禅书》中"太帝使素女鼓五十弦瑟，悲，帝禁不止"的素女；神姬典出干宝《搜神记》"永嘉中，有神见兖州，自称樊道基。有姬，号成夫人。夫人好音乐，能弹箜篌，闻人弦歌，辄便起舞"；吴刚被罚斫桂树，是如西方神话中西西弗斯一样的悲剧人物；等等。这些神话人物或多或少都带有悲剧的宿命，正如诗人一样，虽才华绝代，却遭妒忌者谗言而郁抑踯躅，英年早逝。

意象虽然瑰丽华美，可呈现给人的结局却是悲凉郁塞。昆山之玉虽美，却为碎裂之质；凤凰之鸣虽和，现为怪异之叫；芙蓉于晨露之中本应玉色香浓，今却悲泣难胜；香兰原为幽静贤淑之物，今却笑意惨淡；神姬之艺难及李凭之技；吴刚因悲曲而忘斫桂之任……

（三）以悲抑余韵，显济世情怀

"石破天惊逗秋雨"与《琵琶行》中"银瓶乍破水浆迸，铁骑突出刀枪鸣"有异曲同工之妙。激越高亢之处本可戛然而止，但若此则很难表达诗人身世浮沉的述说，故而《琵琶行》以"东船西舫悄无言，唯见江心秋月白"的宁静纡徐之后，又展开了"同是天涯沦落人，相逢何必曾相识"的自我身世浮沉的书写。天才诗人李贺对于此道亦为谙熟，后四句梦境的描写更显诗人济世情怀、立名之愿。

当然对于诗后四句，也有许多评析，如：

李贺的用词诡怪奇崛，神女以"姬"为怪，鱼以"老"为奇，蛟以"瘦"为异，皆足以显示诗人雅不避俗、追求话语突围、语不惊人死不休之志。……这一幅图画和前面的梦入神山老鱼跳波、瘦蛟起舞的动态相比，甚至与更前面的昆山玉碎、芙蓉泣露的纷纭飞跃相比，是相对静止的图画。就在这种相对静止的图画中，动荡的意象组合构成了张力，留给读者以意味深长的沉吟。而"露脚斜飞湿寒兔"中的"湿"，则是露脚的持续的结果。

神山里的"神姬"成了人间音乐的学徒，"蛟"因音乐而舞动，"吴质"听音乐听得入迷，连"兔"也在音乐的氤氲里失去了天界中应有的矜持与神秘。李凭的箜篌声一响起，仿佛同时也带来了某种神奇的魔力，裹挟了一切，也顺势消解了这些神界物象的"神性"，使得它们神的形象被变形了，成为李贺笔下鬼魅怪诞的独特意象。

这些评析都是从音乐的角度解读诗歌，可能有一定的道理，但诗为言志之物，若从此角度解释，则坠入了风格怪诞之浅层化。若我们从诗中隐含的建功立业的渴望去解读，晦涩之处可能有所明悟。

"石破天惊逗秋雨"，当诗人听到此激越之音，内心建功之渴盼、济世之豪情亦当激发，"亦余心之所善兮，虽九死其犹未悔""刑天舞干戚，猛志固常在"。"老鱼""瘦蛟"于乐音中追波逐浪，翩翩起舞，何况怀抱利器的人呢？

与其说吴刚不眠是因为沉醉于悲凉的乐音，兔子在音乐的旋律中未觉霜重露寒，还不如说是诗人因激越的乐音而陷入了对人生的遥想，对功名前程的深念幽思。

乐音在静泊中缥缈，诗人在遥想中怅惘……

通过文本细读，理性思辨，我们可以体悟到，此诗虽色彩纷繁，想象奇异，但并非有些诗评家所云"李贺的诗往往存在"有句无篇"的毛病，在诗的结构上，往往给人造成割裂，甚至是拼凑的感觉"（李道英《也谈李贺的〈李凭箜篌引〉——与俞绍初同志商榷》），而是气韵流畅，贯通起这种气韵的是字里行间涌动的才为世屈的郁抑和建功立业的渴望。

三、群文思辨，进锐退速实可哀

李长吉尝叹曰："我年二十不得意，一生愁心，谢如梧叶矣。"（《唐才子传·卷五》）其愁心一生，若探其平生诗作，更可知其郁抑不得志之悲愤、至死而不忘立功立名之愿。我们可将其《雁门太守行》《马诗二十三首（其五）》与《李凭箜篌引》联读，就更能触摸到诗人才为世屈、报国无门、壮志难酬的悲愤与渴望。

雁门太守行

黑云压城城欲摧，甲光向日金鳞开。

角声满天秋色里，塞上燕脂凝夜紫。

半卷红旗临易水，霜重鼓寒声不起。

报君黄金台上意，提携玉龙为君死。

据唐张固《幽闲鼓吹》载，李贺把诗卷送给韩愈看，此诗放在卷首，韩愈看后也很欣赏。"报君黄金台上意，提携玉龙为君死"即戍守边关将士的赤胆忠心、铮铮誓言，更是诗人报效国家、建功立业的慷慨宣言，其中借用燕昭王筑黄金台的历史典故表达了对君圣臣贤的渴望，以及对前程未卜的隐忧，字里行间洋溢的豪迈与赤诚颇有盛唐风骨，初展浪漫主义情怀。

马诗二十三首（其五）

大漠沙如雪，燕山月似钩。

何当金络脑，快走踏清秋。

《马诗二十三首》是李贺的组诗作品。这组诗名为咏马，实际上是借物抒怀，抒发诗人怀才不遇的感叹和愤慨，以及建功立业的抱负和愿望。

其五是作者写得十分精心、颇有意境的一首好诗。诗人开头只用了两个简洁的比喻，就展现了一片富有特色的边疆战场的景色：连绵的燕山山脉，一弯明月当空，平沙万里，在月光下好似铺了一层白皑皑的霜雪，画面清新开阔。同时"燕山月似钩"中的喻体"钩"是一种弯刀，诗人从明亮的月牙联想到闪着寒光的兵器形象，就延伸出了向往征战之意。

这战场景色，寒气森森，但在渴望驰骋疆场、建功立业的战马看来，却正是它的用武之地。诗人以"何当"两字作设问，传达出千里马坚决自信而迫切执着的企盼之意。"金络脑"与《马诗》（其一）中的"无人织锦韉，谁为铸金鞭"中的"锦韉""金鞭"一样同属贵重的马具，象征马受重用。最后一句，诗人不仅以"清秋"写出正是草原马肥草黄适于驱驰的季节，以"快走"形象地写出了马轻捷矫健的风姿，而且写出了骏马对上战场纵横骁腾不以为苦、反似获得无限轻松快意的感觉，表达了作者企盼重用、热望建树功勋的强烈心愿。

就是这样一个"立志思报国，壮气起蒿莱"的杰出诗人最终却屈抑于世，26岁就抑郁而终，不能不令人扼腕悲叹！身陷局中的诗人，其抑郁之情、青云之志充溢于其诗中。

《李凭箜篌引》中的音乐只是其华丽的外壳，而怀才不遇的悲愤、建功立业的渴望才是其中涌动的灵魂，正是这踯躅郁抑的情思构建了《李凭箜篌引》严谨有致、绵密跌宕的诗的形态！

参考文献

［1］萧涤非，程千帆，马茂元，等.唐诗鉴赏辞典［M］.上海：上海辞书出版社，1983：874，992.

［2］孙绍振.雅俗交织，悲欢交集，人神共享读李贺《李凭箜篌引》［J］.语文建设.2011（3）：51.

［3］安民.解构：从意象窥态度——再读《李凭箜篌引》［J］.语文学习，2020（11）：46.

塞上长城恒自许，铁马秋风常嘶鸣

——群文背景下《书愤》"塞上长城"细读

高中语文统编教材选择性必修中册古诗词诵读涉及陆游《书愤》一诗，其中"塞上长城"一词颇难理解，书中对其的注释为：化用南朝宋名将檀道济的事迹。檀道济率兵伐北魏，屡建奇功，后遭猜忌被杀。他被拘捕前曾说："乃复坏汝万里之长城！"若以注释意理解，"塞上长城"即喻能防卫边疆的将领。但以此解读诗句总觉其意不畅，其味不深，诗人爱国衷曲难以化为激励后来者的千秋凛然英雄气概。

为了让学生理解陆游终生不渝的爱国赤子之心，体悟横贯千秋的凛然正气，我们引导学生利用网络资源，从网上将陆游的爱国诗篇摘引下来，进行选择重组，将《书愤》置于群文背景下细读。学生不仅对"塞上长城"的内涵豁然明悟，而且指出陆游终其一生也没有失去"塞上长城"的理想，总张扬着"铁马秋风""杀敌报国"的英雄气概。

学生们经过筛选、讨论，最终确定将《书愤》与陆游诗《金错刀行》《长歌行》《十一月四日风雨大作二首》《溪上作（其二）》《示儿》等比照细读，以期实现在群文背景下达到对陆游《书愤》诗中"塞上长城"最深入的理解。

一、一片丹心报天子

陆游出身于富有民族精神和爱国精神的封建士大夫家庭，少年时期正值金人南下，只能随家人南渡，过着颠沛流离的生活。惨痛的人生经历与家庭环境的熏陶下从小就培养了他忧国忧民的思想，使他立下了"上马击狂胡，下马草军书"的壮志。可惜命途多舛，报国之志难伸，直到公元1172年，四川宣抚使王炎邀其为干办公事，襄赞军务，从夔州到南郑，得以亲临前线，一展怀抱。《金错刀行》即写于此时，诗中展示了陆放翁纵马沙场的豪情与壮志、杀敌报国的自信与执着。可谓意气风发，一时无两。

金错刀行

黄金错刀白玉装，夜穿窗扉出光芒。

丈夫五十功未立，提刀独立顾八荒。

京华结交尽奇士，意气相期共生死。

千年史册耻无名，一片丹心报天子。

尔来从军天汉滨，南山晓雪玉嶙峋。

呜呼！楚虽三户能亡秦，岂有堂堂中国空无人。

此诗以七言歌行的形式，借金错刀托物言志，表达了誓死抗金、收复中原的豪情。

"黄金错刀白玉装，夜穿窗扉出光芒"，颇有屈大夫"制芰荷以为衣兮，集芙蓉以为裳"的意蕴，刀为黄金错面、白玉饰柄，以喻持刀之人具有金玉之质、旷世之才，更有掩饰不住的光芒于暗夜中冲映霄汉，气冲牛斗。他不仅自矜于才华，而且喜得于同道"意气相期共生死"，于是再也按捺不住内心的激动与豪迈——"一片丹心报天子"，颇有《燕歌行》"死节从来岂顾勋"的忠心赤胆、以身赴国的决绝态度。结句"楚虽三户能亡秦，岂有堂堂中国空无人"，借用战国时楚国民谣"楚虽三户，亡秦必楚"，表达了报仇雪恨之意。"岂有堂堂中国空无人"，这一反诘句笔力千钧，充满浩然正气。《金错刀行》慷慨之音，激越之气，跃然纸上，既是生命的宣誓，亦是自我勉励，是陆游亲临抗金前线最真实的心理写照。而《书愤》首联、颔联"早岁那知世事艰，中原北望气如山。楼船夜雪瓜州渡，铁马秋风大散关"正是对这一时期诗人策马边关、筹谋边事、踌躇满志、意气风发生活的回忆。诗人厉风凌雪、扬鞭跃马于瓜州渡、大散关谈说边事，排兵布阵，自以为可凭手中"金错刀"、胸中百万兵挥师北指，直捣黄龙，实现"会看金鼓从天下，却用关中作本根"

的壮阔人生理想。此时，伫立于雪夜、秋风之中，极目眺望，篝火连营，旌旗浪涌，大宋将士枕戈待旦，无不具有拒敌于谈笑之外的憧憬渴望，诗人岂无"塞上长城"雄关险隘，御敌于国门之外、卫国于眉睫之前的豪迈与自信？可见"塞上长城"绝非诗人缘情布景之说，亦非一人一地之慨，而是诗人临敌见阵时的自我写照，是驻守边关将士同仇敌忾时的壮气蒿莱，是集体的荣誉与使命。

可惜南宋朝廷并无收复中原的大志，不到一年，王炎调离川陕，陆游也改任成都安抚使参议官。以至于诗人八十四岁时，亦于诗作中云"风雨春残杜鹃哭，夜夜寒衾梦还蜀"，"铁马秋风"成了他一生的记忆，"一片丹心"孤苦地映照着"塞上长城"。

二、国仇未报壮士老

陆放翁离开南郑，寓居成都，由此开始了一段时官时闲的生命旅程，但他心中仍然时时燃起的是报国杀敌的烈焰，心中激荡的是"国仇未报壮士老"的焦灼，是永不磨灭的"塞上长城"的期许。这可从他远离战场后的一系列诗篇得到印证。

长歌行

人生不作安期生，醉入东海骑长鲸；

犹当出作李西平，手枭逆贼清旧京。

…………

国仇未报壮士老，匣中宝剑夜有声。

何当凯还宴将士，三更雪压飞狐城。

《书愤》诗云"塞上长城空自许，镜中衰鬓已先斑"，可见"塞上长城"之念一直萦绕于诗人的心中，哪怕是在最闲散的时光。《长歌行》写于公元1174年，诗人五十岁，虽寓居成都安福院僧寮，但他心中依然是杀敌报国的情思。《长歌行》起笔即踔厉奋发，人生如果不能做一个像安期生那样的仙人，醉骑长鲸，在汪洋大海里纵横驰骋，就应该做一个像李西平那样的名将，消灭逆贼，收复旧京，使天下太平。诗人用李西平的史实抒发了自己的抱负，陆游正是想要像李西平扫平逆贼、收复旧京长安一样扫平金虏、收复旧都汴京。"白发种种来无情",诗人虽然自感白发丛生,但更多的是一种时不我待的急迫,激荡于诗人内心的依然是报国豪情——"匣中宝剑夜有声",哪怕是暗夜时分,宝剑依然暗自嘶鸣,发出杀敌报国的呐喊。

诗人期待的是"何当凯还宴将士,三更雪压飞狐城",希望有一天能重掌兵权,在收复北宋旧京之后继续挥师北进,尽复北方边郡,在飞狐城外大宴胜利归来的将士,痛饮狂歌,直至三更,大雪纷飞,亦觉激越。

此后,诗人于六十八岁作《十一月四日风雨大作二首》。

十一月四日风雨大作二首(其一)

僵卧孤村不自哀,尚思为国戍轮台。

夜阑卧听风吹雨,铁马冰河入梦来。

此情无计可消除,自然界中一场司空见惯的风雨却震响了老诗人"报国有万死"的心弦。此时的诗人境遇极差,"卧"而"僵",形体可谓衰朽;"村"而"孤",处境亦属艰难,但是"不自哀"三字颇有力量,彰显出骨子里的坚韧与自信达观。其一,他并未沉湎于一己之否泰荣辱而顾影自怜,仍"杜门忧国复忧民"(《春晚即事》);其二,"老病虽惫甚,壮气复有余"(《夜读兵书》),"不自哀"是对复国大业仍充满信心。"不自哀"以"僵卧孤村"来反衬,更显得其志坚定不移。其"不自哀"根植于"尚思为国戍轮台",年近古稀,而又卧病,犹不失其"铁马秋风"杀敌报国的雄心壮志,更见其报国拳拳忠心。后两句紧承前句,由风吹急雨之声想到早年铁马冰河戍边抗敌的情景。日有所思,夜有所梦,早年"塞上长城"的期许成了诗人一生的理想,生生不息,时光虽如逝水流川,但此报国之情安如铁柱磐石,历久弥坚。

镜中衰鬓虽斑,塞上长城仍在,诗人爱国之志、报国之心坚如铁石,穿越千年,读来依旧令人心潮澎湃。

三、书生无地效孤忠

时光流逝,壮心难酬,英雄迟暮,但陆放翁之所以是陆放翁,其报国之志虽老弥坚，其驰骋沙场之心，愈衰愈厉。虽至暮年，其诗作亦壮志山涌，铁血丹心。如其《溪上作（其二）》：

> 伛偻溪头白发翁，暮年心事一枝筇。
>
> 山衔落日青横野，鸦起平沙黑蔽空。
>
> 天下可忧非一事，书生无地效孤忠。
>
> 东山七月犹关念，未忍沉浮酒盏中。

诗人虽至暮年，心中依然忧心国事，初心不改。已是白发苍颜，竹杖斜行，天下所忧之事亦多，诗中虽说自己为一介书生，孤忠无处可效，但正是这种无奈与牵挂更体现诗人至死不渝的爱国深情，忧国至念。"东山七月犹关念，未忍沉浮酒盏中。"以反问口吻，借用典故，表达了诗人对收复失地的渴盼，对民生国计的关切。正如诗人在《老马行》诗中所云"一闻战鼓意气生，犹能为国平燕赵"。烈士暮年，忧思难泯、壮心未已之情状不能不令后来者感奋！

《书愤》尾联"出师一表真名世，千载谁堪伯仲间"至此有了最好的注脚。蜀汉时期诸葛武侯用自己的忠诚与执着树立了"鞠躬尽瘁，死而后已"的高标，成了后来者激励自己的模范。陆游引用诸葛武侯典故用意就十分显豁了，诸葛武侯明知不可为而为之，陆放翁亦知"书生无地效孤忠"，可心中依然葆有对朝廷的期盼与热望，冰清玉洁之孤忠，与天可表，与地长存，"何方可化身千亿，一树梅前一放翁？"

甚至，陆放翁对北征中原、复我河山的热望虽死而犹未灭，于绝笔诗《示儿》中可见其泣血之愿。

示　儿

> 死去元知万事空，但悲不见九州同。
>
> 王师北定中原日，家祭无忘告乃翁。

此诗作于诗人八十五岁之时，虽篇幅短小，但分量沉重，烛照千年。此诗不仅是诗人爱国一生的总结，令人仰止，而且泣血之嘱，激荡于天地之间，不知振奋了多少热血男儿、民族英雄，天地英雄气，千秋尚凛然！

南宋初年屡挫金兵的宗泽，在临终之时，念念不忘恢复大业，曾连呼"渡河"者三。陆游在他有生之年，时刻都以收复中原为己任，"位卑未敢忘忧国"。到他写此诗时知道再也难以在自己手中实现这一愿望了，所以于诗中表达恢复之宏愿，坚信最终一定有"北定中原之日"，这也是中华民族虽屡遭外侮而愈益奋发的民族精神的写照。

明人胡应麟云："陆放翁一绝：'死去元知万事空，但悲不见九州同。王师北定中原日，家祭无忘告乃翁。'忠愤之气，落落二十八字间。林景熙收宋二帝遗骨，树以冬青，为诗纪之。复有歌题放翁卷后云：'青山一发愁蒙蒙，干戈况满天南东。来孙却见九州同，家祭如何告乃翁？'每读此，未尝不为滴泪也。"

民国初年，中华民族风雨飘摇生死存亡之际，饮冰室主人梁任公于《读陆放翁集（其一）》中云：

> 诗界千年靡靡风，兵魂销尽国魂空。
> 集中什九从军乐，亘古男儿一放翁。

梁启超的《读陆放翁集四首》作于他一八九九年戊戌变法失败后出走日本期间，写的是读陆游诗集引起的感慨。这里所选的是其中一首。

诗的前两句从大处着笔，指出千百年来诗坛柔弱不振的总趋势。在这种柔媚纤弱的风气笼罩之下，那种刚健雄直的战斗性和勇于为国家献身的精神也消亡了。"集中什九从军乐"指诗题给出的《陆放翁集》。在"兵魂销尽国魂空"的"千年"诗界，唯有陆游的诗集里，十分之九都是抒写卫国从军的渴望和快慰。所以末句"亘古男儿一放翁"，使足笔力推崇陆游是从古至今的诗人中一个真正的男子汉。诗末梁启超自注云："中国诗家无不言从军苦者，惟放翁则慕为国殇，至老不衰"，将诗意说得就更明确了。

清末民初换代之际，神州陆沉，百姓流离，列强蚕食鲸吞，大有亡我中华之势。在此民族危亡关键时刻，急需拯危亡于既倒、扶大厦于将倾的勇智之士，梁启超先生借陆放翁诗中"塞上长城""铁马秋风"的豪迈自许、英雄气概振臂高呼，确可警醒民众，振聋发聩。

"塞上长城恒自许，铁马秋风常嘶鸣"，愈是在风云变幻的时代，愈张扬出令人奋发的英雄气概！

　　单一阅读《书愤》，学生对"塞上长城"一词可能难以理解，置之于群文阅读的空间，我们再来看"塞上长城"于《书愤》中的内涵，则可明悟"塞上长城空自许"不过是愤激之语。此诗虽写于诗人六十二岁，蛰居于故乡山阴之时，但其心中报国之志、收复中原之愿分毫未减，且随着时间推移显得日益迫切，"塞上长城"不仅指陆游个人之志，更是志同道合者的群体塑像。"铁马秋风"是诗人一生的怀想与执着追求，哪怕是暮年之时，其亦怀有"五丈原头刁斗声，秋风又到亚夫营"的宏愿，耳畔时常是"铁马秋风"的激越嘶鸣！

参考文献

［1］萧涤非，程千帆，马茂元，等.唐诗鉴赏辞典［M］.上海：上海辞书出版社，1983：984.

［2］胡应麟.诗薮［M］.北京：北京科学技术出版社，2022：308.

［3］钱仲联，章培恒，陈祥耀，等.元明清诗鉴赏辞典：清·近代［M］.上海：上海辞书出版社，1994：1710.

细读《燕歌行》，探析"凭陵"势

高中语文选择性必修中册"古诗词诵读"入选有盛唐边塞诗人高适《燕歌行（并序）》一诗，其"山川萧条极边土，胡骑凭陵杂风雨"中"凭陵"一词注解为"逼压"，颇难理解。《唐诗鉴赏辞典》释此句为："'胡骑'迅急剽悍，像狂风暴雨，卷地而来。"若按此释义"凭陵"则为形容词，有"剽悍"之意，而非动词义"逼压"。"凭陵"在《燕歌行》到底应做何解释，若将其置于群文视域，细读文本，我们也许可以探析到它纵横驰骋之势。

一、"凭陵"演变

《古代汉语词典》释"凭陵"为：①恃势凌人。②凭借，依仗。依此解释，均难合此语境意。若我们于古诗词名句中探析"凭陵"之迁沿，或可辨明其适切之解释。

《古代汉语词典》义项①来源于《左传·襄公二十五年》："今陈忘周之大德，蔑我大惠，弃我姻亲，介恃楚众，以凭陵我敝邑。"此句中"凭陵"处于谓语位置，作动词"欺凌"义是适切的。但随着社会发展，语言变迁，其语义是有许多变化的，如《文选·王俭》中："嗣王荒怠于天位，强臣凭陵於荆楚。"张铣注："凭陵，勇暴貌也。"此句中"凭陵"的词性及词义就有很大的变化，意为好勇、残暴，为形容词性。

历史发展，词义流变，到唐代，"凭陵"之义则更为丰富，名家诗词中层见叠出。

胡骑虽凭陵，汉兵不顾身。

——唐·高适《蓟门行五首》

此句中"凭陵"与"虽"连用，说明胡骑虽然强悍凶猛，盛气凌人，但汉兵不顾自身安危，勇敢迎战。"凭陵"已为形容词义。

　　燀赫乎宇宙，凭陵乎昆仑。

——唐·李白《大鹏赋（并序）》

诗意为大鹏"显赫宇宙之间，高飞超过昆仑"，其"凭陵"已为"逾越，登临其上"之义。

　　冯陵大叫呼五白，袒跣不肯成枭卢。

——唐·杜甫《今夕行》

仇兆鳌《杜诗详注》引《庚溪诗话》云："冯陵，意气发扬貌。袒跣，袒臂跣足也。""冯陵"显系形容博塞之徒趾高气扬、无所顾忌的情状。

　　云净南山紫翠浮，凭陵绝顶望悠悠。

——唐·唐彦谦《高平九日》

此诗句中"凭陵"与前句南山相对，应指山"高峻，高昂"，其顶白云悠悠。

　　帐幕侵奚界，凭陵未可涯。

——唐·贯休《古塞上曲七首》

军帐渐渐逼近奚界，侵犯还没有尽头，"凭陵"为侵犯之义。

……

在对"凭陵"的搜集整理过程中，有一个特别有趣的现象呈现在我们面前，"凭陵"特别为唐代诗人所青睐，从盛唐到唐代末年，无处没有"凭陵"的身影，其义项之丰富，可谓斑驳陆离，五色绚烂。而"胡骑凭陵杂风雨"应取何义，只有将其还原到文本中去细读，我们才能探析辨明，否则仅凭推测臆想，只会失之偏颇、虚妄。

二、文本细读

"要进行具体分析，如果没有一定的方法论的自觉，则有如狗咬乌龟——无从下口。"孙绍振先生常以原生态还原细读文本：

把构成艺术形象的原生状态还原出来，看看作家对原生态如何选择排除，有什么变异，发现二者之间的差异或者说矛盾，从而进入分析，揭示作家创造了怎样的情感世界，怎样的审美境界。

若我们以孙先生的还原法去细读原诗，就可能探析到"凭陵"之义、之妙、之审美境界。

（一）"凭陵"之势，飞扬之美

高适《燕歌行》为盛唐边塞诗名篇，雄浑壮丽的气脉与盛世大唐雍容华贵的时代风尚相互贯通，恣肆刚健中凸显了盛世飞扬之美。

"男儿本自重横行，天子非常赐颜色"，天子的恩宠更能激发男儿横行天下的英雄之气，诗歌开篇即展示了盛唐生民纵横天下、以立功边关为终极目标的自信与豪迈，这种盛世强音张扬得如此傲骄。"摐金伐鼓下榆关，旌旆逶迤碣石间"，鸣金击鼓，耀武扬威，"逶迤"一词更显强盛时代将士们征伐时不可一世的傲慢，绝非欧阳修笔下"如赴敌之兵，衔枚疾走，不闻号令，但闻人马之行声"之谨慎之兵。将士张扬傲慢埋下了惨败之患，而横行、逶迤之态却跃动着恣肆刚健之风骨。与之相对应的则是"单于猎火照狼山""胡骑凭陵杂风雨"，宋人张孝祥有词"看明王宵猎，骑火一川明"极写军容之盛、气势之壮观，此处可谓异曲同工，着一"照"字更显敌军势大，漫山遍野，灯火彻天。下句"胡骑凭陵杂风雨"与之呼应，极写敌人来势汹汹，势若骤雨疾风。

我们再来看诗尾"相看白刃血纷纷，死节从来岂顾勋"句，此二句正面写战争场景，场面十分壮烈，我军士兵与敌人短兵相接，近乎肉搏，刀光剑影，血肉横飞，战士们浴血奋战，视死如归。战争以失败告终，但士兵虽死犹荣。他们身上体现出来的为国捐躯、慷慨赴死的气概充斥天地，千秋凛然。而"凭陵"之剽悍、凶残之义则正为此场面张本，可谓气脉贯通，置此不贷。

按孙绍振先生还原之法，我们若将"凭陵"置换为"逼压"一词，再回到诗人创造的审美情境去品味，"逼压"一词则显得黯淡许多，在气势上颇有迟滞之感，敌人剽悍之姿、残虐之势尽减，情境上与大唐将士傲慢骄狂之态难以匹敌，边塞诗的雄浑壮阔畅达气脉尽为凝滞，止于断续。

根据诗歌气脉，而要尽显"凭陵"之势，故译为"剽悍勇猛"则恰切。

（二）"凭陵"之势，愤恨之气

高适本有军人本色，具备统兵征战之将才，此诗序已明言"感征戍之事，因而和焉"。此诗主旨是谴责在皇帝鼓励下的将领骄傲轻敌，荒淫失职，造成战争失败，使广大兵士受到极大的痛苦与牺牲。诗人写的是边塞战争，但重点不在于民族矛盾，而是同情广大士兵，讽刺和愤恨不恤兵士的将领。

诗歌"愤恨之气"尤为显明，"战士军前半死生，美人帐下犹歌舞"，通过刚与柔的两极对比，刻画出军中将领不思驱除胡骑，反倒在军中饮酒作乐的画面，诗人强烈的个人情感无须明言，读者已感同身受。这两句之所以成为此诗最经典之句，是因为其审美特质是在对比中彰显的高旷壮阔之美。"半死生"再现了战斗惨烈，战士勇赴国难的悲壮；"犹歌舞"是将帅们醉生梦死、穷奢极欲的写照。诗人以特写的方式将军前的惨烈场景与中军帐中的柔曼靡丽交替呈现，于高旷壮阔中展示出盛唐边塞诗的雄浑壮丽。"无意间透露出的大格局、大气象也彰显出独属于大唐的刚健、豪迈的风骨。"

"胡骑凭陵杂风雨"，胡骑如同疾风骤雨般剽悍残虐才可与诗歌难以抑制的"愤恨之气"相呼应。"逼压"一词的解释显然难以与这种刚健豪迈相洽切，故而"凭陵"译为"剽悍勇猛"更适合此诗所要表达的愤恨之气。

"身当恩遇常轻敌，力尽关山未解围"正是"胡骑凭陵杂风雨"的应有结局。此联应为因果相关之联，正是将帅的轻敌，导致战士们虽"力尽"亦难以解除敌人的包围，留下的是孤城落日，残兵败将。

如血的残阳中，秋色无尽，衰草漫卷。

（三）"凭陵"之势，微言之深

《燕歌行》被后人称作边塞诗中的"压卷之作"，《唐诗鉴赏辞典》对其主旨虽有定评："诗的主旨是谴责在皇帝鼓励下，将领骄傲，荒淫失职，造成战争失败，使广大兵士受到极大的痛苦和牺牲。"但亦有研究者对此提出了质疑，并有多重思考。

从歌颂的角度来分析这首边塞诗的"压卷之作"更有新意，境界更加宏阔，全诗高扬着爱国主义和英雄主义的精神。

高适是一个很有战略眼光的人，《燕歌行》这首诗的主题，亦即这首诗的战略价值在哪儿呢？笔者认为还在于天子对"汉将"的选拔与任用上，在以"汉将"对战争的全面部署与精准把控上。这是诗人"犹忆李将军"的重要原因，也是希望自己成为李将军的内心呐喊和远大志向。

即便《燕歌行》中有着对边塞士兵与边塞战争的同情与惆怅，但全诗总体上洋溢着较为高昂向上的情绪，饱含诗人积极的英雄斗志，而无道家隐退无为或佛家缘灭的消极思想。

诗歌的多元解读不等同于诗歌主旨的多重敷解，让我们回到诗歌所营造的情境场中去探析诗歌的价值走向，这样就能更好地把握诗歌的主旨，脱离文本的敷解往往是随意而无意义的。而"凭陵"意蕴的细读正可作为深入文本的一条路径。

"凭陵"虽有多重含意，但若以"剽悍、凶残"意还原到语境场中，不仅文脉贯通，而且文本主旨也豁然明朗。

胡骑就像暴风骤雨席卷而来，剽悍，凶猛，势不可当。反观我军，困守孤城，如血残阳之下，战斗的士兵日渐稀少，士气之低微可见一斑。那些将领虽然"天子非常赐颜色"，可骄兵必败，轻敌则溃不成军，虽经苦战，依然难以解除包围。处于重重围困中的士兵在压抑沉郁的心境下最易思家念远，下文诗人极力摹写"征人""思妇"，思念之景依次推出，更增将帅逸乐平庸致败所产生的痛巨创深。

> 铁衣远戍辛勤久，玉箸应啼别离后。
> 少妇城南欲断肠，征人蓟北空回首。

此四句诗颇有意蕴，上两句"铁衣""玉箸"借代中又构成了强烈的反差。"铁衣"乃征战之物，为边塞诗中最常见的意象，"朔气传金柝，寒光照铁衣""将军角弓不得控，都护铁衣冷难着"，边塞诗中的铁衣往往表现了征战之苦，戍边之艰辛。"玉箸"喻眼泪在唐人诗中亦不鲜见，如李白"玉箸落春镜，坐愁湖阳水"，温庭筠"谢娘惆怅倚兰桡，泪流玉箸千条"，胡曾"明妃远嫁泣西风，玉箸双垂出汉宫"等，玉箸为家居常用之物，取其成双、清澈之状。故而"铁衣"的寒凉坚硬与"玉箸"的温润晶莹又构成了强烈的审美对照，不着一字褒贬，却尽显战争失败之痛惜。下两句诗人再也无法控制其谦谦君子之郁抑悲愤，少妇断肠于故乡城南，征人回首尽成空，可谓是对战争失败，结束无望的血泪控诉。四句又构成互文手法，回环往复中更见愤恨之情深。

"可怜无定河边骨，犹是春闺梦里人！"失败的结局越惨烈，"凭陵"的胡骑就衬托得越剽悍，越凶猛。

三、群文对照

为了进一步探析"凭陵"之义，我们可以以高适另两首边塞诗作对照来品读诗人置身边塞时的心境与对胡人的态度。

营州少年厌原野，狐裘蒙茸猎城下。虏酒千钟不醉人，胡儿十岁能骑马。

——唐·高适《营州歌》

黯黯长城外，日没更烟尘。胡骑虽凭陵，汉兵不顾身。古树满空塞，黄云愁杀人。

——唐·高适《蓟门行五首（其五）》

第一首《营州歌》充满了边关风情，以十分赞赏的口吻描写了胡人少年的勇敢、剽悍、豪迈。"厌"为习惯之意，营州的胡人少年从小就习惯于在旷野之中骑马射箭。他们穿着毛茸茸的狐皮袍子在城镇附近的原野上打猎，英姿飒爽，矫健刚强；他们"痛饮千钟"，依然驰骋自若，粗朴中豪情四射；更令人吃惊的是，他们十岁就能骑射，驰骋沙场。

客观地说，胡儿的强健就是我们的忧患，可诗人能如此热情地以欣赏的眼光去看待生命力如此张扬的胡儿，对他们崇武好勇、剽悍粗犷从心底进行礼赞，难道就没有艳羡之意、渴盼之情、隐隐的危机吗？笔者认为置身于其中的诗人的感情也是十分复杂的，可谓五味杂陈，唯表于诗。

而第二首诗与《燕歌行》颇有异曲同工之致，其描写日落时分一场惨烈的战斗，虽无胜负之分，但诗人的语境场业已告诉我们诗人的忧虑。

太阳落山，长城外极其昏暗，再加上人马杂沓时的尘土飞扬，渲染了短兵相接时暗无天日的情境。"胡骑虽凭陵"，"凭陵"前着一"虽"字，更显胡骑的剽悍、凶猛。面对凶残暴虐的胡骑，汉军亦拼死相搏——"不顾身"。虽"不顾身"，但从语义场来说总给人被动迎敌之态，而非主动出击之雄姿。诗歌结句"古树满空塞，黄云愁杀人"以景作结，一切景语皆情语，古树衰颓、云色昏黄不正是诗人内心凄惶忧虑的写照吗？"胡骑虽凭陵"与《燕歌行》"胡骑凭陵杂风雨"可谓异曲而同义，"凭陵"皆为"剽悍、凶猛"之意。

赏读《燕歌行（并序）》往往扼腕于"战士军前半死生，美人帐下犹歌舞"，"凭陵"常处无视之境遇，可"春秋笔法，微言大义"，诗人以"凭陵"二字展剽悍、凶猛之胡骑。纵观全诗，于对比中揭露唐军将帅平庸无能、骄敌贪功，逸乐不恤士卒之愤慨表露无遗！

"凭陵"实剽悍，细读见筋骨。

参考文献

［1］《古代汉语词典》编写组.古代汉语词典［M］.北京：商务印书馆，1998：1168.

［2］秦莲.《燕歌行》的"本色"［J］.中学语文教学参考·下旬，2022（11）：28.

［3］萧涤非，程千帆，马茂元，等.唐诗鉴赏辞典［M］.上海：上海辞书出版社，1983：383.

［4］胡勇.讽刺还是歌颂：试论高适《燕歌行》的主旨［J］.名作欣赏，2012（8）：70-71.

［5］陈礼林.探寻大作之小巧：细说高适《燕歌行》［J］.语文教学与研究·上半月刊，2020（17）：78-81.

［6］林艳芳.高适《燕歌行》的思想艺术特质［J］.中学语文教学参考·下旬，2022（6）：80.

踯躅生命的觉醒

——鲍照《拟行路难（其四）》品读

　　高中语文选择性必修下册"古诗词诵读"首篇为鲍照《拟行路难（其四）》，此诗与《春日忆李白》中杜甫评李白诗"清新庾开府，俊逸鲍参军"之"俊逸"风格颇有不同，俯仰低回中尽显抑郁悲慨之态，在以形写神、质朴自然中书写了对自我人格的肯定与生命的觉醒，既是对魏晋南北朝时期"上品无寒门，下品无世族"不公平社会的有力控诉，又是才华卓拔绝者不甘踯躅苦苦求索的真实写照。

　　阅读提示中说"既然不能学'太上忘情'，又无从排遣忧怀，也就只能吞声不言，徘徊不前，在愁闷中自我煎熬了"，但这是《拟行路难（其四）》幽微深处的真正内涵吗？显然，这样的提示是不能令阅读者释怀的，若我们能借助个人的情境化体验，进入诗人所塑造的诗歌形象，细品其背后的意蕴，或许能探求到"吞声踯躅不敢言"隐含的真谛。

一、踯躅生命的认知

　　西晋文学家左思于《咏史》诗中云："世胄蹑高位，英俊沉下僚。地势使之然，由来非一朝。"在魏晋南北朝时期，门第决定了士子的晋身之阶，如：陶渊明虽有"刑天舞干戚"之猛志，但只能踯躅于五斗米的彭泽县县令，受尽了冷眼，因而辞官归隐。《拟行路难（其四）》中诗人亦"吞声踯躅"，其对自己于低微的官任上徘徊不进的原因是十分清楚的，但由于社会的原因，或者说由于诗人性情的缘故，他于此诗中开篇即以比兴手法指出了自己仕途踯躅的原罪："泻水置平地，各自东西南北流。"

以水倾倒在平地上流向何方的不定，比兴人的命运无定，前途不可预知；以水倾倒在平地上的不规则、不可控，比兴人的命运不掌握在自己手中，不受自主支配；以水倾倒在平地上，覆水难收，比兴人的命运不可更改，人生不可逆转、不可重来，只能默默承受；以水倾倒在地面流向各方是如此平常的现象，比兴人的命运大抵如此，反正"我"也不是大千世界中独特的一个，"我"只是平凡个体中的一个，"我"的人生只是平常现象中的一种，所以不必苦恼。

鲍照之后的范缜对于命运的不可捉摸亦有更为诗性的描述，《梁书·儒林传·范缜》："人之生譬如一树花，同发一枝，俱开一蒂，随风而堕，自有拂帘幌坠于茵席之上，自有关篱墙落于粪溷之侧。"他说人的命运是很随机的，充满了偶然的际遇，如同一树花，落到锦褥上的是"富贵之人"，落在粪坑里的则是"卑微之士"。可见，在门阀士族制度的禁锢与熏染下，对不可捉摸命运的屈从亦成了社会的常态。

鲍照认可这种命运的原罪吗？

"人生亦有命，安能行叹复坐愁？"这句诗表面上看他似乎认可了门阀制度对人生的桎梏，但细品句意，其中是否充满了不甘与愤懑？若诗人真正接受了命运的安排，他又怎能无论是"行"还是"坐"都叹息不止，愁思满怀？正是因为他不甘于命运的安排，才悲慨难禁，愁愤不已！

二、踟蹰生命的郁抑

钟嵘于《诗品》中云："嗟其才秀人微，故取湮当代。""才秀人微"是指鲍照的才华很高，但是他的社会地位很低，家里也很贫穷，生活也很艰辛。在一个错位的时代，才能秀拔只能给诗人带来无尽的郁抑，如其《拟行路难（其六）》："对案不能食，拔剑击柱长叹息。丈夫生世会几时？安能蹀躞垂羽翼！"

诗人停杯投箸，推案而起，继而若有所思地拔出宝剑，却又怅然若失地以剑击柱，仰天长叹。诗人以外形动作的描述生动地展示了内心的焦虑不安，诗人不甘于碌碌无为，虚度年华，蹉跎岁月。后来的李白亦有"拔剑四顾心茫然"，但李青莲是有"长风破浪会有时，直挂云帆济沧海"的自信，而鲍照却落入"何况我辈孤且直"的悲慨。

清代刘熙载《艺概·诗概》对其做出了极高评价："慷慨任气，磊落使才，在当时不可无一，不能有二。"才气高华的鲍照不愿"蹀躞垂羽翼"，渴望作"云间之别鹤"，但只落得"傲岸平生中，不为物所载"。

渴盼明主，才为世用是鲍参军诗歌中激越高昂的旋律，如《代出自蓟北门行》"时危见臣节，世乱识忠良。投躯报明主，身死为国殇"句，借用屈原《九歌·国殇》典故，寄寓诗人慷慨不平之气，彰扬报国之愿。

一个风华绝代的诗人越是认命于门第的禁锢，就越显示这个社会的荒唐；越是平静地反思"行叹""坐愁"，就越反映出他精神上的苦痛。一颗郁抑的心灵需要慰藉，而酒则成了古今志士共通的选择。"对酒当歌，人生几何！譬如朝露，去日苦多。"曹孟德认为打发艰苦岁月最好的方式是一边饮酒一边高歌；"痛饮狂歌空度日，飞扬跋扈为谁雄。"杜甫激赏李白痛饮狂歌的飞扬；而李青莲"抽刀断水水更流，举杯销愁愁更愁"，以比兴方式写尽了愁思的绵绵不尽。

"酌酒以自宽，举杯断绝歌《路难》。"鲍照本想借那一杯旷绝古今的热酒温暖宽慰自我踯躅"沉下僚"的生命，于是举杯痛饮，暂且中断了《行路难》的歌唱。对"举杯断绝歌《路难》"有两种不同的理解：一说"断绝"指歌断绝，"声为君断绝"（鲍照《发后渚》）之意；一说"断绝"为断绝愁思，"裁悲且减思"（鲍照《拟行路难（其一）》）之意。细味全诗，后一种更切诗境。《行路难》本是民歌歌谣，主旨乃是"备言世路艰难及离别悲伤之意"。"酌酒以自宽，举杯断绝歌《路难》。"以非常精炼的笔法，生动形象地刻画出诗人悲怆难抑的情态。长歌当哭，何等悲烈！这确为精当之解读，以今人的审美视域来看，诗人以第一人称描述了自己的心理状态，诗人试图以酒慰藉才抑于世的苦闷悲愤，可举杯之际，想起的却是《行路难》悲凉人生的描摹，凄怆之情实难禁抑，情不自禁痛歌《行路难》。"举杯""断绝"以形写神，神形毕见，使诗人踯躅不前、蹀躞趑趄之态纵遥隔几千年，依然如在眼前。这哪里是诗，这就是活色生香的剧目，是扣人心弦的小说，让人感同身受于鲍参军进身无路的悲声之中。

"国家不幸诗家幸，赋到沧桑句便工。"（清赵翼《题遗山诗》）刘勰《文心雕龙·情采》："昔诗人什篇，为情而造文。"才高而身微、坐看时光流逝而报国无望的鲍照不能不以诗歌的形式宣泄内心悲抑。我们只需以诗歌文本为载体，营造阅读情境，就能于此雪泥鸿爪、疏梅鹤影中披露出诗人踟蹰生命中的悲抑郁愤之情。

三、踟蹰生命的觉醒

李泽厚先生在《美的历程》中说："简单说来，这就是人的觉醒。……这种对生死存亡的重视、哀伤，对人生短促的感慨、喟叹，从建安直到晋宋，从中下层直到皇家贵族，在相当一段时间中和空间内弥漫开来，成为整个时代的典型音调。"

宗白华先生在《美学散步》中云："晋人虽超，未能忘情，所谓'情之所钟，正在我辈'！"人生短促、沉沦下僚、报国无门并不能阻止鲍照对功名的渴望，在这个最混乱而又最自由的时代，他以自己的方式在求仕报国的道路上孜孜以求，孑孑而行。

虽"举杯断绝歌《路难》"，但诗人并未臣服于命运的安排。"心非木石岂无感？"这一句直抵品读者内心，其心中的忧愤与不平如同地底烈火奔涌，其不甘屈抑于世的进身之念直如惊雷动地而来，既是自问，亦是自励。是划破等级森严社会的一道闪电，一束强光，闪烁着理性的光芒；是不屈从于命运的呐喊，是对压抑了几百年的"王侯将相宁有种乎"的承继，是对"大道如青天，我独不得出"的导引，是自我生命意识的觉醒，是生命激情的喷涌。正是这种"感奋"激励着诗人在卑微的人生之路上愈挫愈厉。

《南史·宋临川烈武王道规传附鲍照传》载：

照始尝谒义庆，未见知，欲贡诗言志，人止之曰："卿位尚卑，不可轻忤大王。"照勃然曰："千载上有英才异士沉没而不闻者，安可数载！大丈夫岂可遂蕴智能，使兰艾不辨，终日碌碌，与燕雀相随乎？"于是奏诗。义庆奇之，赐帛二十四。寻擢为国侍郎。

鲍照说历史上这么多有才华的人最后都变得默默无闻，但是大丈夫岂能因此就与志向短浅的燕雀相随？鲍照没有沉沦于艰难时世，而是一往无前地寻求着进身之阶。

后随刘义庆赴江州，刘任南兖州刺史，亦随往。刘义庆死后，一度失职，后又任始兴王刘濬国侍郎。孝武帝时，任中书舍人、秣陵令等职。大明五年，入临海王刘子顼幕，次年，随任往荆州，任刑狱参军。孝武帝死后，明帝刘彧杀前废帝刘子业自立，孝武帝子刘子勋在江州起兵反对。子勋战败，鲍照亦为乱兵所害，年五十余岁。

"莫言草木委冬雪，会应苏息遇阳春。"（《拟行路难（其十八）》）虽辗转于侍郎、舍人、县令、参军等卑微职任，但鲍照依然百折不挠地奔走在仕进的路途上，如屈原所言"岂余心之可惩"。

"心非木石岂无感？"其势若奔，可接下来却陡然截转："吞声踯躅不敢言。"如钱塘怒涛，于万里沧海彻地而来，却突遭江堤堵截，必有掀天之势！鲍照不愧为元嘉三大家之一，本诗结句于漫不经心之中却给予阅读者悲抑难禁、扼腕浩叹之愤激，于细节之中见真性情，展示了广阔的社会背景与泣血捶膺的苦痛。

"吞声"常与饮泣并用，"鲍明远如饥鹰独出，奇娇无前。"（南宋敖陶孙《诗评》）吞声之形与"饥鹰"之性的巨大反差，鲜明地表达了对屈抑人才的社会的愤慨。"踯躅"为徘徊不进、缓行之态，诗人以细腻的动作揭示了其深微的心理世界，于不公平的社会上下求索不能不忍尤而攘诟。

其实，诗人已于诗中"泻水置平地，各自东西南北流"直斥不平的社会制度，"安能行叹复坐愁"表达了自己的愤懑，"不敢言"之语已言，结句却故作郁抑之语"吞声踯躅"，不是欲盖弥彰吗？只能说诗人于感性中寻求理性，在欲擒故纵中彰显生命的觉醒，也是魏晋群体审美意识共振的结果。

陶渊明有"误落尘网中，一去三十年"之悟，左思有"世胄蹑高位，英俊沉下僚"之叹，阮籍发"孤鸿号外野，翔鸟鸣北林"之悲。"生于'蓬户''孤贱'而又不安于'蓬户''孤贱'，艳羡荣华富贵而又得不到荣华富贵；恃才自负而又屡经坎坷，胸怀远志却又沉沦下僚，这使得左思和鲍照成了门阀制度激烈的诅咒者，成了时代的深刻批判者，二人由急切'入世'顺理成章地变成了'愤世'。"

宗白华先生说："汉末魏晋六朝是中国政治上最混乱、社会上最痛苦的时代，然而却是精神上极自由、极解放、最富于智慧、最浓于热情的一个时代，因此也就是最富有艺术精神的时代。"作为这个时代最有代表性的诗人，鲍照的《拟行路难（其四）》可以说是文学艺术上的典范，此诗于质朴自然中汩汩流淌的是对这个时代的深情，是报效于家国的热望，一唱三叹，"吞声踯躅"中充溢着不甘沉沦的悲愤，彰显着门阀制度桎梏下生命的觉醒与对自我人格的肯定与坚守！

参考文献

［1］欧阳芬，周静婷.寒门的愁思：鲍照《拟行路难（其四）》解读［J］.语文建设，2020（10）：56.

［2］吴功正.六朝美学史修订本［M］.陕西师范大学出版总社，2020：385.

［3］韦凤娟.汉魏晋南北朝隋诗鉴赏辞典［M］.太原：山西人民出版社，1989：797.

［4］李泽厚.美的历程［M］.北京：生活·读书·新知三联书店，2009：91–92.

［5］宗白华.美学散步［M］.上海：上海人民出版社，1981：214.

［6］戴建业.左鲍异同初探：比较分析左思、鲍照的人生境遇与人生抉择［J］.中华文史论丛，2008：356.

第四章

群文背景下的
现代文细读策略

"九分得意"到"十分得意"的距离

——鲁迅小说中看客的典型意义

统编高中语文选择性必修下册《阿Q正传》（节选）"第三章　续优胜记略"在笑声中结束。

"哈哈哈！"阿Q十分得意的笑。

"哈哈哈！"酒店里的人也九分得意的笑。

此处留给了阅读者思考的空间，鲁迅先生为什么要运用仿词的表达艺术，说酒店里的人是"九分得意的笑"呢？这"一分"的距离能给学生留下哪些深度阅读的收获呢？

品味这"一分"的审美距离，我们必须像孙绍振先生说的那样，采用还原法，把这一段文字还原到小说的情景中去，在鲁迅先生系列看客形象对照中去辨识鲁迅先生这"一分"距离中所蕴含的纷纭世相与复杂民族文化心理，去理解鲁迅先生创造一系列看客形象的现实意义与对当今时代的警示意义。

一、回归阅读情境，探寻"一分"的心理落差

阿Q受了生平第一件屈辱，是遭王胡推到墙上碰了五下，遭受了大约生平第二件屈辱，是遭假洋鬼子"拍！拍拍！"敲打，因"忘却"而慢慢高兴起来时，他邂逅了小尼姑。看鲁迅先生是如何写阿Q遇到静修庵中的小尼姑的：

阿Q便在平时，看见伊也一定要唾骂，而况在屈辱之后呢？他于是发生了回忆，又发生了敌忾了。

那么学生会质疑，他平时为什么要骂尼姑？他回忆了什么？"敌忾"在这

里有何妙处？

教材做了解释，阿Q因迷信思想，认为碰到尼姑会倒霉，故而会唾骂。另一个方面，我们还会提醒学生尼姑是比阿Q社会地位更低下的阶层，故而阿Q对尼姑的唾骂也表现了他精神上的劣根性——对强者的屈从，对弱者的欺侮。正如鲁迅先生所说："中国人但对于羊显凶兽相，而对于凶兽则显羊相，所以即使显着凶兽相，也还是卑怯的国民。"这不仅仅是他看到尼姑便认为碰到了霉运，更显示了阿Q向弱小者转嫁自己所受的欺侮的卑劣心理。故而后面说发生了回忆，发生了敌忾，而"敌忾"本是一个非常庄重的词，庄词谐用，更显讽刺意味。

我们再看，阿Q对待小尼姑的言行，纯粹是街头小混混的龌龊，用现在的话说，是典型的猥亵，耍流氓。除了吐唾沫、骂之外，他突然伸出手"摩着"小尼姑的头皮，"呆笑"还说"快回去，和尚等着你……"最后还扭着小尼姑的面颊，用力一拧……"阿Q十分得意的笑"。

那么，在这个过程中，酒店的那些人的表现是怎样的呢？鲁迅先生用了三句话来写酒店人的反应。

酒店里的人大笑了。

酒店里的人大笑了。

"哈哈哈！"酒店里的人也九分得意的笑。

我们再来看酒店人反应时的情境，当阿Q"摩着"尼姑的头皮污言秽语时，酒店的人大笑；当阿Q扭住尼姑的面颊，用力一拧的时候，他们大笑；当小尼姑带着哭声远远地离去时，他们却只有九分得意的笑。到这里，我们就可以深入思考九分到十分这"一分"的距离里蕴含的深刻内涵。

阿Q欺侮小尼姑时那些人是"大笑"，为什么欺侮的剧幕画上休止符后他们却只有"九分得意的笑"，而阿Q是十分得意的笑？

从酒店那些人的大笑声中我们可以看到，当阿Q调戏小尼姑时，他们不仅没有制止的正义感，而且这一滑稽下流的场面正好可以满足他们空虚无聊、以赏鉴弱小者被欺凌为乐的病态心理。阿Q之所以是"十分得意"，因为他这次真正"胜利"了一回，既对一个更弱者施加了凌辱，又以下流的方式或者说审丑而不自觉的方式赢得了看客们的喝彩，卑弱的灵魂得到了一次贫弱的满足，结果是"飘飘然的似乎要飞去了"。可是到闹剧结束之后，那些人又重新回到了空虚无聊、麻木混沌的生活状态中，一种可怜的失落随之而来。再者，更遗憾的是，他们没有像阿Q那样亲自上手去"摩"小尼姑的头皮，拧她的面颊，这正如阿Q的心理，留下了"阿Q动得，我动不得"的懊恼。

"九分"得意的人们与"十分"得意的阿Q，是一个群体与一个典型的关系。看到这一层，才是对鲁迅措辞与叙述艺术的真正理解，而"九分"与"十分"，又显示了鲁迅小说创作中特有的幽默中带有讽刺意味的风格。

鲁迅先生说，我不惮以最坏的恶意揣测中国人，从这"一分"的距离中，我们可以深切地体会到鲁迅先生对国民性揭露之深刻，酒店中的那些看客与阿Q相比，不仅没有丝毫的距离，甚至有过之而无不及的卑劣。

他们空虚无聊，冷漠麻木，自私阴暗，在群体的无意识与狂欢中一次次将弱者或更弱者推向生活的深渊甚至是绝境。

阿Q在酒店里的人的大笑声中愈加兴高采烈，在酒店里的人的大笑声中"用力的一拧"，而酒店里的人还因为戏剧过早收场或因自己没有亲自下场而只有"九分得意的笑"，那"一分"的距离无不是这种卑劣人性的证明！

鲁迅先生在《阿Q正传》中写到了阿Q对看客们的认识。

阿Q于是再看那些喝彩的人们。

这刹那中，他的思想又仿佛旋风似的在脑里一回旋了。四年之前，他曾在山脚下遇见一只饿狼，永是不近不远的跟定他，要吃他的肉。他那时吓得几乎要死，幸而手里有一柄斫柴刀，才得仗这壮了胆，支持到未庄；可是永远记得那狼眼睛，又凶又怯，闪闪的像两颗鬼火，似乎远远的来穿透了他的皮肉。而这回他又看见从来没有见过的更可怕的眼睛了，又钝又锋利，不但已经咀嚼了他的话，并且还要咀嚼他皮肉以外的东西，永是不远不近的跟他走。

这些眼睛们似乎连成一气，已经在那里咬他的灵魂。

阿Q在走向死亡的途中，第一次也是最后一次真正地体会到了喝彩的人们的可怕，他们的眼睛就像饿狼的眼睛，闪闪的像两颗鬼火，而这些眼睛似乎连成一气，已经在那里咬他的灵魂。

不能不说，在某种程度上，看客比主角更富有嗜血的本性，这也许是鲁迅先生留给我们"一分"距离的深意。

复旦大学教授钱文忠先生对此有富有哲理性的阐释："国人经历了太多的磨难，于是习惯了无底线的忍耐与承受。这直接导致底层人群徘徊在两个极端：一面狼性，一面羊性。在强者面前，比羊还要乖顺，在弱者面前，比狼更加狠毒。可悲的是，他们热衷把对上层的嫉妒、羡慕、憎恨，以暴力的方式发泄到更弱的群体上。"

二、群文阅读，探寻看客嗜血的本性

酒店里的人们以大笑激励着阿Q去欺侮小尼姑，从而满足他们麻木、冷漠、嗜血的灵魂，而《祝福》中的那些老女人又何尝不具有这样的本质呢？柳妈可以说是其中最典型的代表。我们看柳妈的出场。

四叔家里这回须雇男短工，还是忙不过来，另叫柳妈做帮手，杀鸡，宰鹅；然而柳妈是善女人，吃素，不杀生的，只肯洗器皿。

可见柳妈与祥林嫂的地位是一样的，是同在四叔家做事的雇工。作者特意强调了柳妈的本性"善女人""吃素""不杀生"，但她同样是一个饱受生活之苦的女人。鲁迅先生以"柳妈的打皱的脸也笑起来，使她蹙缩得像一个核桃；干枯的小眼睛"的入木三分的刻画，让我们从她的外貌上读到她饱经沧桑，历经艰辛。可是就是这样的一个"善女人"却给予祥林嫂最后一击，将她推向精神崩溃的绝境。

当祥林嫂独语似的诉说"阿毛的故事"时，柳妈不仅不耐烦，而且故意揭起祥林嫂心灵上的伤疤："你额角上的伤疤，不就是那时撞坏的么？"当祥林嫂含糊其词时，她不依不饶："你后来一定是自己肯了……"当祥林嫂解嘲地苦笑时，柳妈终于快乐起来，打皱的脸笑起来，"干枯的小眼睛一看祥林嫂的额角，又钉住她的眼。"

从这里，我们可以看到柳妈所谓的善不过是一种刻骨的虚伪。虽然她的生活中同样充满了悲苦和不幸，但她同鲁迅先生小说中所有的看客一样，以更弱者的痛苦来满足自己麻木空虚的灵魂，如同阿Q与王胡比赛咬虱子一样，比美比不过就比丑，这就是病态社会中看客扭曲的心灵。

无疑，祥林嫂是《祝福》的主角，主角走向消亡的背后推手虽然很多，看客柳妈不能不说是最重要的因素之一。

对于祥林嫂的悲惨遭遇，柳妈不仅缺乏基本的同情心，而且认为祥林嫂应索性撞一个死则好了。在这里鲁迅先生用了"诡秘"一词来形容柳妈说此话的神态，可谓形神毕肖："诡秘"为"隐秘不为人知"之意，柳妈如此"诡秘"，是因为她知道她的话是十分恶毒的，见不得光的。一个人再怎么狠毒，也不至于劝一个可怜的女人去死，这可以说超出了做人的基本道德底线，所以她不希望自己的话被另外的人知道，但柳妈又希望用祥林嫂的悲惨来慰藉同样命运悲苦的自己贫弱的心灵，这就是看客的"精神胜利法"，把痛苦建立在更痛苦者身上的拙劣心理，这不是嗜血又是什么呢？所以鲁迅先生笔下的看客往往超越了这"一分"距离所留下的理性思考，令人的灵魂震颤。

正是因为柳妈关于人死后灵魂的有无给祥林嫂套上了一根无形的绳索，祥林嫂从此坠入了无法摆脱的关于来生的痛苦中："她脸上就显出恐怖的神色来""第二天早上起来的时候，两眼上便都围着大黑圈。"

柳妈不仅自己快乐地品鉴着祥林嫂的痛苦，又广为传播，让未庄的人不时来提醒一下祥林嫂关于死后灵魂有无的话题，一次次将祥林嫂推入精神的炼狱……这种嘲笑连祥林嫂自己都有了最清醒的认知，因而她整日紧闭了嘴唇，头上带着大家以为耻辱的记号的那伤痕……以至于祥林嫂在死前，遇到"我"盯着我问："一个人死了之后，究竟有没有魂灵的？"她死时，"脸上瘦削不堪，黄中带黑，而且消尽了先前悲哀的神色，仿佛是木刻似的；只有那眼珠间或一轮，还可以表示她是一个活物。"这不仅仅是肉体的削损，更是精神的死亡，这就是柳妈一类的看客给予祥林嫂们的。

祥林嫂带着对灵魂有无的疑问离开了这个冷漠而又悲苦的世界，而柳妈等人依然毫无生命觉醒地生活在这个社会上，用愚昧、自私、冷漠去伤害同样悲苦的人。

鲁迅的经典作品《祝福》，或可称女性小说。主人公祥林嫂是村妇，在重要、次要人物中，女性也占较大比例。这些女性人物形象既有个体，也有群体。个体的，如做中人的卫老婆子、女主人四婶、精明强干的婆婆、善女人柳妈；群体的，如陪出许多眼泪来的女人们、特意寻来听悲惨故事的老女人、念佛的老太太等。她们与祥林嫂的关系，对祥林嫂命运所起的作用，各有不同。其中，影响最大、最深的就数柳妈。拙文试依据对文本的品读，略说二人关系。概而言之，她们是强势对弱势，亦即伤害与被伤害关系。

由此看来，祥林嫂的转变乃至于走向死亡的过程，实际是鲁迅先生对自己作为一个启蒙者在改变社会上人们思想的实际作用的思考的一个载体，柳妈的身上有着鲁迅先生自己的影子。

正因为如此，柳妈和祥林嫂这两个人物相互对照，互为补充，构成了某类人的两个侧面。鲁迅试图借助这两个人物启示人们，在那个封建礼教压迫的时代，下层劳动妇女要么像祥林嫂一样，从肉体到精神都走向死亡，成为被杀者；要么像柳妈一样，肉体留存着，精神上却完全泯灭了人的光彩，从被杀者成为不自觉的杀人者。

鲁迅追求的目标是"除去世上害己害人的昏迷和强暴""除去于人生毫无意义的苦痛""除去制造并赏玩别人苦痛的昏迷和强暴"，"我们还要发愿：要人类都受正当的幸福"。

三、辩证分析，理解看客形象的现实意义

"一切真历史都是当代史。"朱光潜先生在《克罗齐的历史学》一文中曾对克罗齐的这一命题做了阐发："没有一个过去史真正是历史，如果它不引起现实的思索，打动现实的兴趣，和现实的心灵生活打成一片。过去史在我的现时思想活动中才能复苏，才获得它的历史性。所以一切历史都必是现时史……着重历史的现时性，其实就是着重历史与生活的连贯。"

新课标中国现当代作家作品专题研讨学习任务群中明确指出："就我国现当代作家作品的若干专题深入研讨，进一步培养理性思维与探究能力，提高学生对现当代文学的理解和认识，提升鉴赏品位，把握时代精神和时代走向。"因而，我们引导学生研读鲁迅先生小说中的看客形象，是为了启发学生联系现实情境思考看客形象的现实意义，按照社会主义核心价值观提升学生的思想道德素质，从而达到立德树人的教育目的。

人是群体的生物，个体只不过是群体中的一员，每个人既是现实生活的创造者，又是新生活的旁观者。2012年浙江卷高考作文题就有意识地引导学生对旁观者的角色定位、价值意义进行了有益的思考：以"站（坐）在路边鼓掌的人"为话题作文。时至今日，"五四"先贤们提出的"改造国民性"的任务

依然任重道远，那么，在现实生活中，我们如何以历史为镜，以文学阅读为媒介，反省我们身上所具有的"看客"思想？

梁启超先生在《呵旁观者文》中亦痛斥："天下最可厌可憎可鄙之人，莫过于旁观者。"时至今日，我们的生活中是否还存在着这样可厌可憎可鄙的看客呢？

其实，现实社会生活中也不乏酒店中那样的人：当生命需要救助时，并不是所有人都会伸出援手。这种轻视人的生命的行为让人心寒，暴露出人性险恶的一面，他们这种行为，很有可能会使事情进一步恶化，将当事人置于死地。

现实社会中，当弱者需要我们救助时，是默默地走开，还是做沉默的大多数，甚至以他人的痛苦来满足自己可耻的快乐，在喝彩声中充当刽子手？当生活中经历辛酸者需要我们安慰与鼓励帮助时，我们是否有倾听的耐心以及能否用正确的方法给予他们心理宽慰和物质纾困，这些都考量着现实中人们的责任感、道德感、先人后己的无私奉献精神。

阿Q在看客的眼中看到了狼一样的眼睛，闪着鬼火；祥林嫂在柳妈的嘲笑中思索灵魂的有无，对人性的解脱产生了怀疑。可酒店的那些人、柳妈、吴妈、鲁镇的其他人们各自以不同的方式在冷漠、自私、麻木的冷眼、热嘲、哄笑中继续着他们的集体狂欢！

当我们以经典重组的方式，让学生在多重人物性格与命运的对照中深刻地体悟到看客的罪与罚时，他们才会在自省与对周围世界的省察中，"摆脱冷气，只是向上走，不必听自暴自弃者流的话。能做事的做事，能发声的发声。有一分热，发一分光，就令萤火一般，也可以在黑暗里发一点光，不必等候炬火。"

参考文献

[1] 陈玲玲. "十分得意"与"九分得意"：《阿Q正传》例谈 [J]. 中学语文教学，2008（12）：41.

[2] 谷兴云. 论柳妈和祥林嫂：《祝福》文本品读 [J]. 中学语文教学，2021（3）：56.

［3］徐军. 柳妈的隐喻：拯救却葬送［J］. 语文教学与研究·上半月刊. 2020（5）：119.

［4］韦玲珍. 柳妈：活着的祥林嫂［J］. 语文建设，2011（2）：53.

［5］鲁迅. 鲁迅杂文全集·我之节烈观［M］. 郑州：河南人民出版社，1994：40.

"泪水·微笑"于思辨中显影

——《大卫·科波菲尔（节选）》《阿Q正传（节选）》讽刺艺术别论

查尔斯·狄更斯是19世纪英国优秀的批判现实主义作家，他描述了维多利亚时代底层小人物的喜怒哀乐，深刻反映了当时的社会现实。鲁迅先生行文犀利深刻，语言冷峻幽默，他的小说同样塑造了许多让人印象深刻的人物形象，真实地揭露了当时的社会现实。高超的讽刺艺术正是他们针砭时弊、解剖人性、表现自己对社会的爱与忧的利器。

为了更有效地完成单元学习任务，探寻丰富多彩的心灵世界，感受多种多样的文化风貌，理解作者通过作品表现出的对社会人生的认识与思考，笔者在进行选择性必修上册第三单元教学时，将《大卫·科波菲尔（节选）》与选择性必修下册第二单元《阿Q正传（节选）》进行重组，以探究两篇小说的讽刺艺术为基点，力图通过语言风格的赏析把握典型人物形象，揭示小说所展示的社会矛盾，深刻理解人性的复杂性与文化的多样性。

《大卫·科波菲尔（节选）》与《阿Q正传（节选）》最鲜明的语言风格就是讽刺，但细细品味，又别有异趣。以往赏鉴者虽多，但多为各表一枝，对比分析者少，求同者较多，鲜有从不同处辨析者。大单元群文教学给予了我们新的思维方式、新的视角，经过重组、整合、比较、思辨，我们能更清楚地认识到《大卫·科波菲尔》与《阿Q正传》讽刺艺术的不同：《大卫·科波菲尔》的讽刺中饱含温暖明亮的底色，泪水中闪耀着微笑的光亮；《阿Q正传》的讽刺中流淌的是愤怒与决绝，凝重的微笑中满含着苦痛的泪水。

一、泪水中的微笑

"狄更斯是伟大的幽默家——这就是你从英国各个不同阶级的普通人嘴里听到的一句话。"与幽默伴生的讽刺常用来揭示个人、团体或者社会的荒谬的堕落，并且给予嘲笑。在喜剧中，它的语气可以是温和的戏谑。《大卫·科波菲尔（节选）》充分显示了这一特征。

《大卫·科波菲尔（节选）》以戏谑的口吻开篇：

好端端一个极有才华、观察力强、聪明热情、敏感机灵的孩子，突然身心两伤，可居然没有人出来为他说一句话，我觉得这实在是咄咄怪事。

作者以调侃的口吻，用"居然""咄咄怪事"等极富表现力的词语进行冷嘲热讽，批判了资本主义冷漠的社会现实。

在描述谋德斯通-格林比货行的环境时，狄更斯更是进行极尽夸张式的讽刺。房间，尘污烟熏，辨不出颜色；地板和楼梯腐烂；成群的老鼠东奔西窜，吱吱乱叫。一个极有才华的年仅十岁的孩子却不得不在这个充满污垢与腐臭的世界讨生活，正是这种污垢、腐臭的环境让"我"感到绝望，感到羞辱，"我"的眼泪直往下掉，"我"呜咽……

成年人的世界也同样充满污浊、艰难，而这种对生命苦难的揭示同样离不开幽默讽刺。

且看米考伯先生的出场："脑袋又大又亮，没有头发，光秃得像个鸡蛋""他的衣服破旧，但装了一条颇为神气的衬衣硬领""他手里拿着一根很有气派的手杖，手杖上系有一对已褪色的大穗子"。漫画式的描摹中透着怪异的和谐，颇为神气的衬衣硬领、很有气派的手杖、手杖上的大穗子透露出了米考伯曾经的考究，而"破旧""褪色"所显露的沦落情态又传达出一种虚荣心态，正如《阿Q正传》中所说："我们先前——比你阔得多了！"

米考伯先生本来债务缠身，贫穷得如同一块一文不名的石头，"石头是榨不出血来的"，可他依然戴着帽子，夹着手杖，腰杆儿笔挺地行走在为生活奔波的路上，虽然他"也许根本赚不到钱"。

科波菲尔想成为一个有学问、有名望的人的希望与他现在的处境，米考伯的现实困境与他漫画式的行为构成强烈的反差，从而形成令人啼笑皆非的讽刺效果，让读者感同身受于他们困苦屈辱生活中的满眼泪光，这不是某一个人的辛酸，而是整个资本主义社会底层人物的命运写照。

科波菲尔的生活是令人绝望的，但在这样的生活中，科波菲尔不仅没有沉沦，反而在同病相怜中激发出了更大的同情心，展示了人性中的美好与善良。当米考伯太太说她家什么吃的也没有时，科波菲尔毫不犹豫地掏出口袋里仅有的两三先令，真心实意地要求米考伯太太收下。当米考伯先生被抓进了监狱后，科波菲尔主动去看望他，还大哭了一场。正如成年的科波菲尔所说的："让我同情的天真而富有想象力的孩子，他凭着那些奇特的经历和悲惨的事件，创造出了自己的想象世界。"

米考伯先生虽然是作者讽刺的对象，但他在装腔作势背后更多的是善良与乐观，作者以一些典型的细节凸显了人性的善与不屈。如他接"我"到他家时，一路上不厌其烦地把街名、拐角地方的房子形状等往"我"脑子里装。被债主喝骂时伤心、羞愧，悲惨不能自己，但一会儿又哼着曲子，摆出比平时更加高贵的姿态。当米考伯先生被送进监狱后，他的一些亲戚朋友出面来帮助他渡过了难关。

《大卫·科波菲尔》以讽刺的手法，揭露了资本主义社会底层人民的困苦，充溢着令人难以抑制的泪水，但漫画式笔法下底层人们身上的乐观与高贵又不能不令人破涕为笑，在泪光晶莹中期待着时来运转。

二、微笑中的泪水

"一个作者，用了精练的，或者简直有些夸张的笔墨——但自然也必须是艺术地——写出或一群人的或一面的真实来，这被写的一群人，就称这作品为'讽刺'。"鲁迅先生更是熟谙讽刺之道，他的作品之所以有穿越时空的生命力，离不开他那高超的讽刺艺术，《阿Q正传》是其中最杰出的代表。如果把《大卫·科波菲尔》《阿Q正传》放在一起鉴赏，我们对讽刺艺术的内涵就会有更深的理解。

阿Q虽然姓名籍贯渺茫，但他同样有被认可的虚荣。如有一回被一个老头子颂扬"阿Q真能做"，阿Q正赤着膊、懒洋洋的瘦伶仃地在他面前，别人也摸不着这话是真心还是讥笑，然而阿Q很喜欢。"真能做"与阿Q的形象构成强烈的对比，是对"阿Q真能做"的讽刺，揭示了一个佃农被无情压榨剥削的社会现实。"然而阿Q很喜欢"，一个"很"字更增讽刺意味，让人悲凉于阿Q被压榨而不自知的麻木。

"阿Q'先前阔'，见识高，而且'真能做'，本来几乎是一个'完人'了"，鲁迅先生精准的用词构成了完美的反讽效果，而夸张式、漫画式的人物刻画更让人于笑中漫溢着辛酸的泪水。

节选章节的标题为"优胜记略""续优胜记略"，并且文中出现频率较高的一个词为"得胜"，可是他真的"得胜"了吗?

闲人揪住阿Q的辫子，在壁上碰了四五个响头，才心满意足地得胜地走了，阿Q也因"我总算被儿子打了……"也心满意足地得胜地走了。胜利者和失败者都"得胜"了!当阿Q"不幸"赢了一回钱，招致"失败的苦痛"时，他用力地在自己的脸上打了两个嘴巴，虽然有些热辣辣，但依然"心满意足得胜地躺下了"!"得胜"成了鲁迅先生贴在阿Q和闲人们身上的标识，也成了最有力的反讽武器。在鲁迅先生漫画式的笔法下，我们是否会反思"得胜"背后深层的含义:"他睡着了。"冷峻中含着彻骨的悲凉。

"讽刺"的生命是真实。当世界钝感于审美，审丑成了人性的必然，鲁迅先生以"真实"的生命场景，以冷峻的笔触对这种错位的社会形态进行了讽刺。

且不说阿Q与王胡在墙根的日光下比谁嘴里虱子咬得更响，阿Q抽紧筋骨耸着肩膀等候假洋鬼子的棍子，单是阿Q调笑小尼姑的情景就让人在微笑中泪水涟涟。

阿Q走近伊身旁，突然伸出手去摩着伊新剃的头皮，呆笑着……

"哈哈哈!"阿Q十分得意的笑。

"哈哈哈!"酒店里的人也九分得意的笑。

阿Q说过"君子动口不动手"，但当他面对更弱小的尼姑时，不仅"动口"，而且毫无顾忌地"摩着"了，并且得意的"呆笑"是"十分"。鲁迅先生以绝妙的讽刺写出了人性的劣根性——弱者对更弱者的欺凌，但这只是个体的悲哀，而那些看客们"九分"的笑更是神来之笔，触目惊心，让人灵魂战栗。虽然笑减少了"一分"，但正是那"一分"让我们看到了看客们内心得不到满足的贪婪与邪恶，那"一分"的距离中涌动着的是群体的麻木、冷漠，是卑劣的人性与吃人的本性在笑中不经意的裸露。

法国社会心理学家勒庞指出："个人一旦成为群体的一员，他所作所为就不会再承担责任，这时每个人都会暴露出自己不受到约束的一面。群体追求和相信的从来不是什么真相和理性，而是盲从、残忍、偏执和狂热。"鲁迅先生以"一分"的距离讽刺和鞭挞了群体的残忍与堕落，这才是最可怕的社会悲剧，是笑中噙满的泪水。

三、阳光与萤火

"几乎所有的大评论家都着重论述了狄更斯的幽默，但是他们都忽略了，狄更斯的幽默充满着对沦落者的同情，这种同情使狄更斯的幽默达到最高境界。"

"孩子不要哭，太阳将永远照在我肩上。"监狱中父亲的话成了狄更斯一生的信仰。在那个"最好的时代，最坏的时代"，博爱主义如同一缕缕阳光，给予底层苦难中人们前行的希望，带给上层社会自我救赎的勇气。狄更斯的讽刺中总给人一种温暖的善意的笑，悲悯中充满了诗意。《大卫·科波菲尔》中这样的文段俯拾即是。

米考伯先生因为债主的辱骂而"伤心""羞愧""甚至悲惨得不能自制，用一把剃刀做出抹脖子的动作来"，但"还不到半个小时，他就特别用心地擦亮自己的皮鞋，然后哼着一支曲子，摆出比平时更加高贵的架势，走出门去了"。米考伯先生的行为前后构成了巨大的反差，因而产生了令人忍俊不禁的讽刺效果，但作者的出发点却不是挖苦鄙视米考伯先生，更多的是针砭米考伯虚荣、挥霍中的乐观与对未来的期待。

作者同样以夸张式的讽刺写出了米考伯太太的虚荣与乐观。"能屈能伸"一词形容米考伯太太真是恰如其分，她被法院强制执行，没收了财产，躺在壁炉前，披头散发，可是晚上却以从未有过的兴致炸牛排……

虽然他们住进了监狱，但在科波菲尔看来"他们在监狱里的生活，反倒比长期以来住在监狱外面更舒服一些"。住监狱比在外面更舒服，这不由让人想起欧·亨利的短篇小说《警察和赞美诗》，这种错位中暗含的讽刺效果与欧·亨利"带泪的微笑"虽曲同但工却有异,欧·亨利揭露的是资本主义的虚伪,狄更斯展示的是人性的温暖。

科波菲尔艰难困苦的经历成了他创造自己想象世界的财富和动力,米考伯式的人物同样将拥有他们阳光下的未来。这是时代使然,也是作家对人性的体认。

狄更斯的独到之处还在于,他不仅主张小说要唤醒世人对劳苦的小人物的同情,还要激起世人对他们的崇敬,因为他们在经受了苦难之后仍然保住了善良的本色,人们可以从他们那里发现和学到美德。

人在时空中生存与发展,伟大作家的成长离不开他生存的时代,同时也总是能够给予他生活的时代以重要的影响,狄更斯与他的时代也是如此。众所周知,维多利亚时代以讲究道德而著名。在总体上,对于维多利亚时代的道德,狄更斯是顺应的,由于狄更斯本人的道德观与社会道德基本吻合,因此表现在狄更斯作品中的道德思想与作者自己的道德思想大体是一致的,只是前者更加纯洁、美好,更带理想的色彩。

"有一分热,发一分光,就令萤火一般,也可以在黑暗里发一点光,不必等候炬火。此后如竟没有炬火,我便是唯一的光。"同样是现实主义作家,鲁迅先生对现实的认识却严酷得多,更多的是飞萤扑火的壮烈。因而其作品所展示的讽刺艺术与狄更斯有显著的不同,狄更斯是泪水中映射着微笑,温暖而充满了希望;鲁迅先生是微笑中满含着泪水,批判中具有一种刮骨疗毒的坚毅和壮士断腕的勇决。

这种艺术特征在《阿Q正传》中展示得淋漓尽致。

令人触目惊心、笑出泪水的除阿Q与王胡并坐在墙根比赛咬虱子的场景,阿Q与小D的"龙虎斗"同样"惊心动魄",不仅"势均力敌",而且"在钱家粉墙上映出一个蓝色的虹形"。鲁迅先生不愧是讽刺高手,势均力敌先决条件是有势与力,可是两个饿得皮包骨的佃农哪有势与力呢?"蓝色的虹形",用美的词汇来形容瘦骨嶙峋者的缠斗,更增悲凉之感。

古谚云:"穷帮穷,富帮富。"逆势而行的穷人对穷人的欺压难道不让人笑中含泪吗?

阿Q死了,是在懊恼"立志要画得圆"却画成了"瓜子模样"中走向死亡。阿Q一本正经的"懊恼"让人忍俊不禁，他不自知地给自己卑微的生命画上了休止符——"圆圈"，却使人感到无比的压抑与凝重。极度的荒诞与夸张构成了强烈的讽刺，让人于笑中泪雨滂沱。

因为鲁迅生活的时代是"梦里依稀慈母泪，城头变幻大王旗"的时代，他用讽刺这把犀利的剔刀，无情地剜下人性溃疡的腐朽之肉，将国民劣根性和种种卑劣状态公然推上历史的祭坛，以求民族精神的涅槃重生。

狄更斯与鲁迅先生均为享誉世界的文学大师，讽刺是他们揭露社会弊端、解读人性善恶最有力的武器。通过群文思辨，我们就能清楚地认识到，由于社会境况不同，思想意识有别，其讽刺视角与效果也各不相同，狄更斯的讽刺如春日暖阳，蕴藉敦厚，于辛酸的泪水中绽露希望的微笑；鲁迅先生的讽刺似长夜萤火，刺破暗黑，在哑然失笑中泪湿衣襟。

参考文献

［1］罗经国.狄更斯评论集［M］.上海：上海译文出版社，1981：127.

［2］张效民.鲁迅作品赏析大辞典［M］.成都：四川辞书出版社，1992：760–762.

［3］孙绍振.狄更斯式的幽默：泪水中的微笑和抒情：《大卫·科波菲尔》（节选）解读［J］.语文建设，2021（23）：42–46.

回归与消亡：异化中的审美选择

——《促织》《变形记》比较阅读

统编高中语文教材必修下册第六单元《促织》《变形记》都是以"人变虫"——人的异化为核心来建构情节、塑造形象，但由于作者生活的国别、时代、生活经历不同，其审美选择也有异。若我们以成名之子与格里高尔的结局为切入点，来探讨小说异化中的审美选择，则能举重若轻、纲举目张地引导学生批判性地对待东西方文化的审美差异，深刻理解异化中的审美选择，对于提升学生的思辨能力、培养他们的文化视野与现实审美选择具有启迪意义。

一、作家审美选择

《促织》虽是一篇文言短篇小说，但无论是情节发展还是情感逻辑都充分显示了中国古典小说所具有的艺术魅力。情节是人物成长的历史，是小说主旨呈现的载体，我们可以先引导学生分析两篇小说情节构成的异同。《促织》虽是文言短篇小说，但其情节发展依然可按开端、发展、高潮、尾声来概括：征促织为故事开端，捕促织、卜促织、得促织为故事发展，失促织、化促织、斗促织、献促织为故事高潮，议促织为故事尾声。而在此过程中，尺水兴波，作者把中国古典小说叙事的腾挪之术展示得淋漓尽致，达到了起伏跌宕、张弛有度、扣人心弦的艺术效果。虽无"欲知后事如何且听下回分解"的玄虚，却也极尽延宕、突转之匠心。

在成名"转侧床头，惟思自尽"之时，幸得驼背巫指点迷津，于村东大佛阁捕得一只"巨身修尾，青项金翅"的促织，可谓一转；兴奋之情还未尽，九岁子私下发盆，失手毙虫，在母亲的抱怨下投井自尽，成名夫妻向隅，不复聊赖，可谓第二转；成名子魂化促织，轻捷善斗，应节而舞，所向披靡，可谓三转。成名在情节的延宕、突转中历经悲喜，形象日渐丰满，主旨在事件的起伏跌宕中愈益深刻，入木三分。这就是中国古典叙事艺术的审美选择。

《变形记》在情节的设置上相对简洁，充分体现了西方现代主义文学的审美追求，通过人物复杂的心理活动塑造人物形象，揭示小说主题。

"一天清晨，格里高尔从烦躁不安的睡梦中醒来时，发现自己在床上变成了一只大得吓人的甲壳虫"，以西方现代主义的笔法，开篇就把我们带入一个荒诞不经的变形世界中。然后以变为大甲虫的格里高尔的视角来观察自己和这个世界，周围的一切仍是那么熟悉：略微偏小的房间，镜框里的画，画中的围着毛皮围巾的女性……可是，他不再是原来的自己，脊背坚硬如铁，棕色的被分成许多硬片高高隆起的肚子，舞动着的许多细得可怜的腿脚……那么，是什么让格里高尔发生了异化呢？作者通过格里高尔一系列的心理活动，向我们补充交代了格里高尔异化的原因：人。

格里高尔是一个孝顺，有爱心的人，他想努力工作，还清父母的债务，让爱好拉小提琴的妹妹进音乐学院；他是一个尽职尽责、努力工作的人，哪怕他对这一份工作并不满意，但他依然常年在外奔波，从没有请过一天假、迟过一次到。但就是这样的格里高尔，却无法把握自己的命运，在命运的蹂压中变成了一只巨大的甲壳虫。最终以令人厌恶的虫的形态、人的内心走完了他生命的最后一程。《变形记》以这种心理描写为主、荒诞与真实纷纭交错的方式，揭示了现代社会中一个善良的小人物因绝望而走向死亡的悲剧，让阅读者在作者对主人公心理解剖的过程中感同身受，引起强烈的情感共鸣，进入对社会、对自我的理性思考。而悲剧性的结局是西方审美哲学中最通用的艺术追求。

但格里高尔的悲剧绝不是个例，是现代社会的一个缩影，正如小说中所说："格里高尔试图设想，类似他今天发生的事，是否有一天也会发生在这位协理身上。说实在话，这种可能性是存在的。"不是可能存在，而一定存在，因为二十世纪以来，随着工业文明飞速发展，每个人就像机器齿轮上的链条一样，总有一天会在不断加速中失去原有的韧性，成为被蹂碎的粉尘。

在表现艺术上，《促织》更专注于对张弛有度的故事情节的描摹、人物形象的塑造，以绘声绘色的情节叙事来吸引读者，引人深思。

如写成名儿子化为促织后与村中好事者的蟹壳青角斗，虽只有区区三百字，却腾挪起伏，匠心尽显。欲扬先抑，少年见成名虫"掩口胡卢而笑"，"不如拼搏一笑""少年又大笑"，三个"笑"字，极尽铺垫之势，而后是"少年大骇""成骇立愕呼""成益惊喜"，通过人物动作、神态的刻画，前后对照，间接写出了成名子所化蟋蟀勇猛善斗。其间所写促织战斗之状，也是精妙绝伦，"虫暴怒""振奋作声""力叮不释"等高歌猛进，惟妙惟肖，虽是在写促织善斗，亦是作者心中抑郁之气酣畅淋漓、气贯长虹般的倾泻，文字间流动的是抒写者的不平之气和豪迈风骨。借促织事，浇胸中块垒，为中国文人士子固有的审美追求。

卡夫卡说："一切障碍能摧毁我。"《变形记》中卡夫卡以客观冷峻的笔触写出了现代社会对人性的压迫直至异化，而这种审美趣味主要通过人物内心的活动展示在读者面前，从而引起心灵的震颤与共鸣。

"天啊，"他想，"我选了个多么艰辛的职业啊！成天都在奔波。在外面出差为业务操的心比坐在自己店里做生意大多了。加上旅行的种种烦恼，为每次换车操心，饮食又差又不规律，打交道的人不断变换，没有一个保持长久来往，从来建立不起真正的友情。这一切都见鬼去吧！"

辛苦奔波，没有安全感，缺乏真正的朋友，这不是现代人慢慢走向孤独、异化的原因之一吗？卡夫卡揭示这样的社会现实时，其内心是压抑的，笔调是隐忍克制的，甚至带有时代的荒疏感，从他的文字里可以听到心灵碎裂的声音，这是二十世纪以来现代主义作者审美追求的本质特征。

二、文化多元统一

由于文化传统与时代的差异，《促织》与《变形记》虽都是写人的异化，但其观照角度、文化审美心理有很大的不同，这也给学生思考文化的多元统一提供了极佳的平台。我们若能从这个角度引导学生去品读两篇文章，既能发展学生的批判性思维，辨析中外文化的异同，又能培养开放的文化心态，理解尊重外来文化，深化对中国传统文化的理解，真正实现立德树人的教育目标。

《促织》虽是文言短篇小说，但承袭的是中国古典小说以故事讽喻时事的优秀传统，揭露了苛政猛于虎的社会现实，体现的是封建士子"为天地立心、为生民立命"的远大抱负。

小说题目就彰显了中华传统文化内涵。促织即蟋蟀，其鸣声有似织布时织机的响声，往往在寂静的夜里响起，仿佛敦促妇女辛勤工作，所以又称促织、催织、纺纱娘。促织是古典诗词中的常客，《诗经·唐风·蟋蟀》："蟋蟀在堂，岁聿其莫。……好乐无荒，良士瞿瞿。"感物抒怀，告诫人们，为乐需适度，切不可忘却自己的职事本分，可以说是借促织行讽喻劝谏之意的鼻祖。北宋政治家王安石《促织》诗："金屏翠幔与秋宜，得此年年醉不知。只向贫家促机杼，几家能有一绚丝。"秉其精神，更显诗人针刺不劳而获的统治者的刚劲之气。那些达官贵人于秋天来临之际在金屏翠幔的环境中醉生梦死，而腐朽的生活是建立在劳动人民的辛酸之上。人民虽然辛勤劳作，但又还能有几家有一缕丝呢？强烈的对比中揭示了诗人的愤懑之情、不平之意、济世情怀。蒲松龄以"促织"为题，显示了深厚的中华传统文化的涵养。今天，我们咀嚼品鉴文题"促织"，可让学生明悟汉语一字一词莫不蕴含深厚的文化内涵，增加他们探究语言的兴趣，培养学生的文化自信力。

《促织》是《聊斋志异》中众多精彩篇章之一。《聊斋志异》是文言短篇小说沉寂七百年之后的鸿篇巨制，既有六朝志怪、唐宋传奇的底蕴，又深含着作者的情志，可以说是厚积薄发、志气凝聚之作。

《促织》故事简短，情节离奇却又富有人情味，亦真亦幻，起伏跌宕，符合中国人的阅读习惯。成名"操童子业，久不售"既是蒲松龄个人的经历，又是普遍的社会现象，鲁迅先生的《孔乙己》亦是如此。而统治者借促织横征暴敛，搜刮民脂民膏，致生民涂炭，绝非一朝一代，《礼记·檀弓下》中《苛政猛于虎》、杜甫《卖炭翁》、柳宗元《捕蛇者说》皆为此类名篇。《促织》所记之内容为中华传统文化中老百姓深恶痛绝的横征暴敛之事，因此很能够唤起阅读者内心的愤慨不平之气，其中宣扬的为民立命的思想极易引起阅读者的"戚戚之心"，符合中华子民的阅读心理，故而流传广泛。小说的喜剧性结尾也是中国传统文化中最典型的心理期待。

《庄子·齐物论》云："昔者庄周梦为胡蝶，栩栩然蝴蝶也，自喻适志与，不知周也。俄然觉，则蘧蘧然周也。不知周之梦为胡蝶与，胡蝶之梦为周与？"庄周开创了中华文化的浪漫之旅，为华夏生民建构了一个美丽的心灵家园。当我们在现实中无路可走的时候，冥冥中有一个精神彼岸等候着我们，古典文学作品以喜剧的结尾来圆了我们的梦：窦娥以魂魄的形式让父亲为她平反昭雪，《孔雀东南飞》中刘兰芝与焦仲卿化为鸳鸯，梁山伯与祝英台化蝶双栖双飞，还有《红楼梦》最后接续了贾府中兴的尾巴……有人说，这是"以乐写哀，倍增其哀"，其实，我们可以换一个角度看问题。至圣孔子说"道不行，乘桴浮于海"，政治主张如若不能在社会上实行，就隐退于海外仙山，这是安放踟蹰生命的美丽想望；亚圣孟子在《齐桓晋文之事》中说"见其生，不忍见其死；闻其声，不忍食其肉"，道出了中国传统文化中最具人文性的悲悯情怀，这既是喜剧结尾的出发点，也是中国读者乐于欣赏喜剧的文化心理。正是因为有"此中有真意，欲辨已忘言"的心灵桃花源，有"见其生，不忍见其死"的大悲悯，我们才能于苦难的人生负重前行，在风雨载途中遥望星辰大海，为苦难者献上诚挚的慰藉和点亮前行的光。因而喜剧的结尾就是星辰大海，是海上摇曳的光。

格里高尔在"怀着温柔和爱意想着自己的一家人"中决绝地离开了这个悲凉的世界。《变形记》以悲剧的形式结束了格里高尔异化的故事，这是有别于中国传统文化的一种审美方式，在"把有价值的东西撕碎了给人看"中让人获得"崇高美"的艺术享受。

《变形记》从头到尾都是以悲剧的形式进行叙事。格里高尔变成了甲壳虫，在狭小的房间里作无望的挣扎，在最需要人帮助他的时候，几乎所有的人都摒弃了他。随着时间的推移，他的痛苦命运不仅没有引起家人的怜悯，反而成了人人憎厌的怪物，都有将他扫地出门而后快的心理。最终，格里高尔在家人的冷漠中绝望地死去……

卡夫卡以现代主义手法，以第三人称和第一人称交错的叙述视角，让异化了的格里高尔既能以旁观者的身份来观察他的父母、妹妹对他的态度，又能以参与者的心理活动评判围绕他所展示的人情世态，从而客观自然地展示了现代社会资本主义世界人与人之间的关系、人与社会的关系、人自我意识的觉醒与挣扎。

悲剧可以说贯穿了整个西方文化精神，从莎士比亚的戏剧到现代主义小说，悲剧在一幕幕上演：哈姆莱特虽报了杀父之仇，但他也自杀了，女友和母亲也相继死去；列夫·托尔斯泰笔下的安娜·卡列尼娜追求爱情幸福，却在卡列宁的虚伪、渥伦斯基的冷漠和自私面前碰得头破血流，最终落得卧轨自杀的下场；加西亚·马尔克斯《百年孤独》，布恩迪亚家族和马孔多镇如同海市蜃景，消失在一场飓风之中……

《变形记》结尾以悲剧结束，表现了西方的艺术特征和审美心理特点。西方注重自然真实、注重科学分析，将社会现实的真相刻画出来，让人受到悲剧冲击，获得"崇高美"的艺术享受。西学求真，面对个人反抗社会，即使主人公的追求符合"历史的必然要求"，但在当时的现实中是不可能实现的，其结局是"有价值的东西被毁灭"。基于此，在注重分析、思辨的西方人思维模式下，卡夫卡让格里高尔一直处在极为清醒的心理状态中，独自面对和承受"虫形人心"的所有苦难、悲伤、绝望，最终毫无悬念地走向死亡。

《变形记》以格里高尔"人变虫"的异化揭示了高速发展的资本对人的尊严与高贵的扼杀，而变形后的格里高尔以"虫形人心"的姿态保持着对世界客观而冷峻的观察，通过他一系列的心理活动写出了主人公在异化中的挣扎、觉醒，从而彰显了卡夫卡对社会的哲理思考：一切障碍都能粉碎我。

三、现实价值判断

王荣生曾说过："学习文言文最终的落点是文化的传承与反思。"《促织》开篇即言："宣德间，宫中尚促织之戏。……每责一头，则倾数家之产。"作者矛头直指社会治理者。上有所好，下必效之，层层加码，有过之而无不及。最终成名子为了拯救即将破败的家庭，灵魂脱壳，化为蟋蟀。孔子曰"苛政猛于虎"，哪怕是九岁的儿童，也难以免除苛政的毒害。良善、诚笃、忠厚本应该是体现人之为人的基本方面，在促织事件中，却成了使人变成非人的动因。而贪婪、残酷、狡诈这些野兽般的品性却成了维护"人"的地位的保证。蒲氏在"异史氏曰"里说"天将以酬长厚者"，表明他对这种人性价值颠倒彻底否定的态度。所以，《促织》最后喜剧性的结局，虽给予了我们心理期待，"天以酬长厚者"，但这只是镜花水月的向往，统治者的随心所欲依然会给天下苍生带来无尽的灾殃。所以，现代社会最重要的是要建立健全社会主义法制，以法律规范社会管理者的行为，使之权责分明、科学有序，敬畏民生，以民为本。社会个体应节俭自律，自觉营造勤俭为美、奢侈为耻的社会风气，营造风清气正的社会环境。以良好的社会风气约束人们的行为，不盲从于威权，也不挑战道德底线，以劳动与智慧，以科学与创新精神创造美好的生活。

《促织》反映的是远去时代的残酷，《变形记》却是我们正在经历的时代的缩影，它给我们提供了一面深邃的镜子，让我们在物质文明高速发展的时代学会如何处理好自我与外物、人与人、人与自我的关系，从而真正让人民分享社会主义发展的红利，而不是像格里高尔一样成了高速发展的时代列车上的一粒尘土，随着车轮的咔嚓声响被蹍压成尘泥！

当代作家殷谦在《棒喝时代》中说：“现在的很多人，就是被上述的外在的异化力量主宰着，我们无奈地顺从它的摆布，因为我们没有能力，或者说我们没有自由拒绝它的奴役。这种力量如此任性，如此强大，它几乎是毫不费力地就将强人变成弱人，好人变成坏人，把英雄变成小人。见义勇为几乎成了傻瓜和智障者的代名词。生活中很多人都成了这种无稽之谈的受害者。因此受凌辱、受伤害的深刻记忆，直到今天仍然折磨着那些善良、正直和勇敢的好人的心灵。”

日月焕新，岁月不居，时代潮流总是滚滚向前，那么在高速发展的科技时代，我们如何跟上时代的步伐，做到青春有为，青春敢为呢？试想一下，假如格里高尔能放慢自己的节奏，于繁忙的工作中停下来看一看星辰大海，也许他就能安然蹚过艰辛的河床；格里高尔“虫形人心”之时，如果父母、妹妹能给予他理解与宽慰，公司能给予他人性关怀，在爱与激励的温暖下，格里高尔可能会变回人形，重新成为一个勤劳善良负责有为的青年；再设想一下，假如我们的社会在提倡物质文明时，能给予人们精神栖息的家园，格里高尔式的悲剧就会变成喜剧。卡夫卡曾经说过：“我在自己家里，在那些最好、最亲爱的人们中间比陌生人还要陌生。”作品中主人公变形后的心理活动，何尝不是卡夫卡内心的真实独白？

所谓“异化”源自拉丁文，有转让、疏远、脱离等意。在德国古典哲学中，黑格尔用以说明主体与客体的分裂、对立，并提出人的异化。在《1844年经济学哲学手稿》中，马克思明确提出异化劳动的观点。马克思主义哲学认为，异化是人的生产及其产品反过来统治人的一种社会现象。

无论是现代人的压抑与扭曲，还是封建时代的腐朽与悲苦，都值得我们深思。轻盈的蟋蟀与笨重的甲虫都只不过是象征符号。尽管历史的车轮滚滚前进着，但类似"人变虫"的异化悲剧，终究是历史的轮回，周而复始。也许此刻写着文章的我，和读着文章的你，都是异化人群中的一分子，却浑然不知，泯灭在历史的洪流里。

参考文献

［1］王荣生.文言文教学教什么［M］.上海：华东师范大学出版社，2014.

［2］方晓明.人为什么会变成虫：《促织》和《变形记》比较［J］.山东师范大学学报（社会科学版），1989（5）：40-45.

凝视风谣吹皱的柔波

——《再别康桥》《蒹葭》联读

　　《再别康桥》无疑是徐志摩留给我们的最经典的作品之一，它备受学生喜爱，大多数学生熟读成诵。"轻轻的我走了，正如我轻轻地来；我轻轻地招手，作别西天的云彩"常被人们作为别离时的心灵絮语。《再别康桥》为什么具有如此大的艺术感染力，能引起读者的心灵震颤与审美品鉴？历来诗评家大多从它现代诗的艺术形式与徐志摩复杂的情感背景入手，进行评析。

　　他的诗作一往情深地倾注了对爱、自由与美的理想追求和赞美，自觉努力于西洋诗歌体制的输入和试验，引进了格律体、无韵自由诗、沉思体抒情诗和十四行诗等韵律形式。因此就艺术渊源来说徐志摩从英国19世纪浪漫派汲取了最多的创作灵感和艺术营养。

　　这首诗表达的是一种微波轻烟似的淡淡的离情别绪，引起了各个时期读者的强烈共鸣，原因就在于它以美妙的艺术形式表达了人类共有的一种感情，即对逝去的美好往事，人们总是充满怀念。

　　《再别康桥》其实也就是告别往昔美好的生活。一般说来，对往昔生活理想化的动力是生活现状的痛苦，而且是现状越痛苦，往昔越美好。所以，《再别康桥》一诗隐在漂亮文字外衣下的是"失乐园"的痛苦，或许可以称《再别康桥》为"美好生活的悼亡曲"。

　　以上评析，无论是认为徐志摩创作灵感与艺术手法多来自西方浪漫派，还是认为《再别康桥》的内容主要是写离情别绪，是"美好生活的悼亡曲"，都是片面的，有失偏颇。

这些评析都没有关涉到一个事实，即徐志摩先生作为一位深受中国传统文化浸润的读书人，骨子里继承的是古典文化传统，潜意识里蕴含着民族文化心理。尽管徐志摩说他的诗情是康桥激发出来的，尽管他自己认为深受了十九世纪英美浪漫派诗风的影响，但若没有中国传统文化教育所奠定的文学核心素养，其创作亦不过是无源之水、无根之木，又怎能如此纯净、空灵、苗茂。

王国维《人间词话》有言："《诗·蒹葭》一篇，最得风人深致。"我们若能在群文阅读思想指导下，将《再别康桥》与《诗经·蒹葭》进行联读，则能直观地发现《再别康桥》也是中华传统文化孕育的花儿。经典文学是旷野上轻轻吹过的风谣，《再别康桥》就是风谣吹皱的一河柔波。

为了探寻《再别康桥》与《蒹葭》两千年文脉相续的内在联系，让我们一起进入文本所创设的阅读情境，在具体的情境阅读中辨明两者根源相续、情致统一的艺术特质与情感追求。

一、吟咏风谣，哀而不伤

梁元帝萧绎在《金楼子·立言》中说："吟咏风谣，流连哀思者，谓之文。""风谣"在这里主要指反映风土民情的歌谣。《诗经·蒹葭》有别于秦音粗犷雄浑的特质，"秋水伊人"中虽留下了求而不得的怅惘与苦闷，但那不懈追求的执着却消解了这种哀婉，怅惘低徊中反而有一种百折不挠的坚劲，以及对美好过去的回忆，对未来的希冀。

"蒹葭"即芦苇。南唐后主李煜有词"千里江山寒色远，芦花深处泊孤舟，笛在月明楼"，芦花洁白如雪，翩翩起舞，摇曳多姿，一叶孤舟，独自停泊深处；笛声悠扬宛转，悦耳动听，回荡夜空，月华如水，沐浴楼阁亭台是故国最美的记忆。芦苇摇曳，芦花胜雪，本就渲染了世界的一派纯净，而苇花上晶莹的露滴、岸畔铺展的轻霜让人仿佛置身于一个空灵洁白的天地，在水的那一边，是自己所追慕的女子。洁白的苇花，滚动的露滴，无垠的霜天，把两个思慕的人的情感衬托得越发纯净高洁——"表里俱澄澈"，所以说《蒹葭》所吟秦人风谣，虽有追求不得而陷入迷茫怅惘的苦闷，但从诗歌所构织的审美意境、所塑造的审美人物来看，又无处不荡漾着追求的快乐、仰望的美好，是一种失落中又包含着期待的幽微心理呈现，给那个单纯年代的爱情涂上了一抹遁思无垠的纯净。

《蒹葭》中的秋天，既有别于宋玉"悲哉，秋之为气也！萧瑟兮草木摇落而变衰"的肃杀，也不同于司空曙"纵然一夜风吹去，只在芦花浅水边"的隐逸风流，更无白乐天"浔阳江头夜送客，枫叶荻花秋瑟瑟"天涯孤旅的贬谪之悲，有的是对爱、对理想执着以求的浪漫怀想，因而"蒹葭伊人"被后来者赋予了很多美好的想象与期待。这就是它"吟咏风谣，哀而不伤"的魅力。

那么，《再别康桥》是否与《蒹葭》一样具有如此幽微深致的特质呢？笔者比较认同孙绍振先生的观点：

在开头这四句中潇洒地来，悄悄地回味，哪里来的愁绪和凄楚呢？和云彩告别，就是和自己的记忆告别。为什么是轻轻的呢？就是因为他在和自己的内心、自己的回忆对话。这里所写的不是一般的回忆，而是隐藏心头的秘密。大声喧哗是不合时宜的，只有把脚步放轻、声音放低了才能进入回忆的氛围，融入自我陶醉的境界。

1928年夏天，距诗人与陆小曼结婚两年之后，徐志摩第二次赴英伦旅游考察，而林徽英此时刚结束与梁思成欧洲蜜月旅行归国。诗人徐志摩此次旧地重游，康桥依然，往昔情踪宛在，可旧情暗换新爱，佳人已成人妇，个中况味岂是言语所能表述的。故而于十一月归国途中作《再别康桥》，其吟咏昔日爱恋之情，可谓了解其经历者皆知。但此时，昔日的恋人都已成围城中的主角，诗人已重新选择了属于自己的爱情，昔日的眷恋又怎能直白于天下，故而康桥情愫表达得如此隐晦、含蕴，"谁了曲中情，唯有曲中人"。正如孙先生所说："这回忆是心头的秘密，大声喧哗是不合时宜的。"古人云："谦谦君子，温润如玉。"诗人于《再别康桥》中表情达意的意象都是温润清朗的，谦谦如玉：柳为金色，掩映于波光中，艳而不媚；油油青荇，招摇而不张扬；一潭清泉，宛若彩虹却沉淀如梦境。《再别康桥》从这个角度来说，确有"风人深致"，虽表达的是难以言说的情感，有对逝去往事的叹惋，对现今生活的感喟，对未来生活的期待，但这种情感表达是那么幽微、隐秘，正如诗中所说"悄悄地我走了，正如我悄悄地来"，舒徐有度的节制，欲说还休的眷恋，与《蒹葭》中"溯洄从之""溯游从之"的不舍与执着具有异曲同工的韵致。

当代诗人余光中说："论者常说徐志摩的诗欧化，从这首诗看来，并不如此。综观全诗，无论在情调上或辞藻上，都颇有中国古典诗的味道。"《再别康桥》承续了两千年的《蒹葭》传统，以空灵洒脱之笔写爱恋之美之深婉幽微，虽有轻轻的不舍与叹息，但轻灵的笔触中饱含着爱的汁液，充满哀而不伤的中和之美。

二、一河柔波，多少幻梦

诗题虽为《再别康桥》，可承载那恋恋风情的却是一池柔波，波光潋滟，情意痴迷。从诗的第二节开始，离情别意中总是离不开"康河"。首先映入眼帘的是"河畔的金柳"和"波光里的艳影"，笼罩于夕阳中的柳树呈现出一派迷人的金色，宛如美丽的新娘。可这只是恍然如梦的昨日的载体，所以这种情感就如同隔着一层波光的影子，是心底最柔软的一缕情愫。美，隔着真实的时空距离，具有中国古典艺术的留白效果。

然后是"软泥上的青荇"和"康河里的柔波"，在康河柔波涵养下，一切是那么柔和绵长，余韵徐歇，泥是软软的，青荇油油的。青荇不是随波逐流，而是像多情的人儿一样，因情深而"招摇"，令人心醉神迷。诗人再也按捺不住，甘心做一条水草，永远依偎着那招摇的"美人"。

康河的水，榆荫下的一潭，不仅清澈，还因蕴含天光云影而如梦似幻，像彩虹一样美丽迷离。徐志摩在《我所知道的康桥》中指出："康桥的灵性全在一条河上，康河，我敢说，是全世界最秀丽的一条水。""在星光下听水声，听近村的晚钟声，听河畔倦牛刍草声，是我康桥经验中最神秘的一种：大自然的优美、宁静、调谐在这星光与波光的默契中不期然地淹入了你的性灵。"康河因诗人审美的眼而风情万种，诗人因康河的柔波而诗思流淌。

一方河水衍生出多少别样的情愫，一方风谣吹皱了多少柔波荡漾的心河。

关关雎鸠，在河之洲，窈窕淑女，君子好逑。……窈窕淑女，寤寐求之……

——《诗经》

《诗经》第一篇是河边发生的美丽故事，写一个纯情的男子对女子的追求；"闻佳人兮召予，将腾驾兮偕逝。筑室兮水中，葺之兮荷盖"，《楚辞》更是浪漫如斯，为了那美丽的女子而筑室于水中，以荷叶为盖，四处散发着清新怡人的馨香；"尾生与女子期于梁下，女子不来，水至不去，抱梁柱而死"，《庄子·杂篇·盗跖》"尾生篇"传颂的是对爱的坚守与执着；"我住长江头，君住长江尾，日日思君不见君，共饮长江水"，李之仪《卜算子·我住长江头》词中那一河柔波成了思而不见的最好慰藉。

"上善若水，水善利万物而不争"，逐水而居，因水而栖，自古至今一直是人类生存与发展的自然法则。水孕育了生命，滋养了风俗民情，中华风谣因黄河、长江而流播世界，西方文明越过洋流而渐染东方。生命因水而繁衍，生生不息；爱情顺水流播，情影流光。

"寻梦？撑一支长篙，向青草更青处漫溯，满载一船星辉，在星辉斑斓里放歌。"这一句活脱脱像是从古典的诗意走出来的："溯洄从之，道阻且长。溯游从之，宛在水中央。"

《再别康桥》中，诗人为了寻梦，寻那沉淀着彩虹似的梦，漫溯于康河中。《蒹葭》中的主人公同样为寻梦，那梦一样缥缈的伊人，溯洄、溯游于河岸畔。虽然一个是对往昔美好岁月的追寻，一个是对未来日子的期盼，但其情其景莫不相同，都是在那一河柔波里，寻找着各自的梦想。

那吹皱的一河柔波，沉淀了中国古典文学中最美的风谣，耳濡目染，给徐志摩诗意的生命涂抹上了一层最丰厚的底色。康河，只是唤醒了他潜意识里的古典诗意，谱写出现代诗中最具审美化的情感咏叹。

三、重章复沓，弦扬雅音

《再别康桥》在诗歌形式上更是《蒹葭》等古典诗词的现代版。《诗经·蒹葭》三章为了弦扬哀而不伤的情韵，每章只把陈述对象的词语作了改变，如"蒹葭苍苍，白露为霜""蒹葭萋萋，白露未晞""蒹葭采采，白露未已"中"苍苍、萋萋、采采"写出了随着"为霜、未晞、未已"的时间推移，蒹葭色彩的变化。

蒹葭在初秋的黎明与清晨之间，颜色从"苍苍"的一片青黑，到"萋萋"的青白相杂，再到"采采"的红白青诸色鲜明，逐渐丰富生动起来，而心中的"伊人"咫尺天涯，似可接近又无力接近。这哀婉凄凉的气氛，强烈地刺激着诗人的神经，让他对人生的美丽、无力和忧伤深有会心，并发为永恒的歌咏。

蒹葭的色彩由黎明初露时的青黑色，慢慢呈现出白露渐渐消散时的"采采"——明艳，但对在水一方的伊人的追寻却越来越迷茫，"宛在水中央""宛在水中坻""宛在水中沚"，因"在水一方"的隔膜，可望而不可即。诗人借助重章复沓的形式，渲染出追寻者心中欲罢不能、欲从难就的隐秘，生命就在这种可望而不可即的追寻中走向丰盈……

《蒹葭》摹写的虽是追寻而不可得的怅惘，但并不悲凉，反而充满了哲理意味，弦扬出人生共通的生命历程：期待才是生命走向饱满的有效途径。

《再别康桥》可以说是传统文化之树上盛开的花。其首节与尾节直接运用重章复沓的形式，构成了婉转轻扬的韵律。在文本情境中，我们可以深切地体味到，首节连用三个"轻轻的"写出了徐志摩离开康桥时的那一份洒脱与自足。徐志摩重游康河，更多的是对过去美好生活的回忆，是在重温过去中寻找生命中的快乐，因而这一份隐秘的快乐只独属于他自己，当他置身于康河的波光艳影，流连于康河的青荇碧潭时，他眼中的世界是那么的明媚、温暖，仿佛天边一抹彩虹、夜色中斑斓星辉；此情此景，诗人心中充溢的不应是悲苦与凄凉，而是和煦、安暖，因而在诗的末节，诗人再次以"悄悄"来表达自己再别康桥的心境——重游故地后的温暖、愉悦。

而第二节至第四节更富于古典诗词的神韵。作者依次描摹了三个意象"金柳""青荇""碧潭"，暂不说这三个意象为中国古典诗词中的原型意象，单是重章复沓的节律就与《蒹葭》有异曲同工之妙。三个意象反复咏叹，写出了诗人对过去美好生活的深切回忆，对康河一景一物的迷醉，过去的一切虽然揉碎了，不可复制，但如同"沉淀着彩虹似的梦"，在岁月的洗礼下，愈发斑斓迷人。

正是这迷人的梦激起了诗人"放歌"的热望，而不能放歌更衬托出诗人对心中隐秘世界的呵护与珍视，这是一份只能诗人独享的快乐！

遗憾也罢，怅惘也罢，理性的选择只能是"不带走一片云彩"。因为只有这样，才是对有限生命的明彻与洒脱，才是一种睿智的、值得首肯的人生境界。

《蒹葭》流播两千年的是先民对爱的期许，执着中不失优雅与热情。《再别康桥》是诗人对美好过往的吟哦，深情中彰显着温馨与洒脱。

我们只有走进诗歌所营造的情境，才能低头凝视那风谣吹皱的柔波，在沉淀着彩虹似的梦的文字中，读懂"秋水伊人"的浪漫，体察到诗人眷恋过往中的那一份自足、安暖，在古典的诗意中，仰止"行到水穷处，坐看云起时"的云水禅心。

正因为《再别康桥》蕴含着醇厚的中国传统文化，今天的我们才能口诵心惟，获得同情共振的审美享受。

参考文献

［1］王劲松.在梦的轻波里依徊：徐志摩诗歌创作浪漫主义主体意识［J］.重庆大学学报（社会科学版），2000（6）：120.

［2］温儒敏，王本华.普通高中教科书教师教学用书：语文　选择性必修　下册［M］.北京：人民教育出版社，2020（8）：65.

［3］郭成杰.仅仅面对作品：以《再别康桥》为例谈文学作品的读解问题［J］.名作欣赏，2003（10）：53.

［4］孙绍振.名作细读：微观分析个案研究［M］.上海：上海教育出版社，2009（6）：112.

［5］余光中.余光中说徐志摩的《再别康桥》［J］.名作欣赏，2005（10）：1.

［6］汪习波.《诗·秦风·蒹葭》"苍苍、萋萋、采采"辨释［J］.漳州师范学院学报（哲学社会科学版），2009（3）：75.

［7］魏超.天籁自是境界：《再别康桥》意韵新探［J］.名作欣赏，2009（4）：53.

（本文是深圳市教育科学规划"十三五"重点课题"基于语文核心素养的理想主义教育策略与实践研究"阶段性研究成果，课题批准号：zdfd17018）

"诚"字立骨，抱朴见器

——《修辞立其诚》的审美鉴读

选择性必修中册第一单元对应"科学与文化论著研习"学习任务群，课程标准指出："本任务群研习自然科学和社会科学论文、著作，旨在引导学生体会和把握科学与文化论著表达的特点，提高阅读、理解科学文化论著的能力，开阔视野，培养求真求实的科学态度和勇于探索创新的精神。"其选文具为大家经典文章，其中《修辞立其诚》讲的是有关发言著论写文章需要"诚"的问题，张岱年先生以素朴的语言娓娓道来，其"求真"的风骨与为人的大器令后学仰止。教师若能从"诚"的风骨与"朴"的器量引导学生去品鉴文章，不仅能开阔学生的视野，锤炼学生的思辨能力，还能濡染他们做人做事"'诚'字立骨，抱朴见器"的品性。

一、诚字立骨，智性流转

《易传·乾卦·文言》："修辞立其诚，所以居业也。"是说建立言辞出于诚信，这是积累功业的方法。

《论语》中孔子曰："《诗》可以兴，可以观，可以群，可以怨。""诗"也是言辞的一种形式，却可以起到治世的良好功效，可见"修辞"的内涵丰富，意义重大。另一个方面，"修辞"与"立其诚"又是相辅相成，互为因果的。《左传·襄公二十四年》："豹闻之，大上有立德，其次有立功，其次有立言。虽久不废，此之谓不朽。""立德，立功，立言"为儒家的三不朽，"立言"即修辞，但此处"立言"是置于"立德""立功"之后的，即只有有良好的道德修养才能建立诚正的言辞。中国传统文化中既有"言之无文，行而不远"的论说，又有"文如其一"的要求，既要"修辞"，亦要注重"诚"。可以说"修辞立其诚"是中国传统美学中的精髓，内涵丰富，解读多元，影响深远，能把这么重大的哲学、美学命题向普通读者说清楚，足见张先生的用心与匠心。作者抓住一个"诚"字，以诚字立骨，一线串珠，智性流转，以理趣与哲思浸润读者，感受文字之妙，思考做人之"诚"。

文章开篇即向读者介绍了"修辞立其诚"的出处，并旗帜鲜明地表明自己的观点，现在仍应肯定、承认这是发言著论写文章的一个原则。紧接着对"诚"的现代意义做了解释，"立其诚"即坚持真实性。然后分析了"立其诚"的内涵：名实一致，言行一致，表里一致。

在分析"名实一致"时，作者举重若轻，"实"即客观实际，而"名"包括三个方面：哲学命题，科学命题，文学命题。哲学命题、科学命题名实一致大家很容易理解，而文学命题如何做到名实一致呢？作者认为文学对事物现象本质有所显示，才能感动人心。

在这里，我们可以引导学生结合自己所学的文章，列举哪些文学命题揭示了现象背后的本质呢？

如《林教头风雪山神庙》揭示了官逼民反的社会本质，《阿Q正传》揭示了国民的麻木与愚昧，《祝福》写出了封建伦理吃人的社会本质等。这些文学创作揭示了现象后的本质，有感人的力量。

言行一致，文章说得更为透彻，即语言与行为的一致，学说理论与社会实践一致，行为与言论一致。

表里一致，是说心口一致，即口里说的和心里想的一致，"修辞立其诚"首先要表达自己的真实思想。

通过以上分析，我们基本明白了什么是"立其诚"，紧接着文章就告诉我们如何做到"立其诚"。

首先，追求真理时要力求避免主观干扰，力求认识外物的本来面目。其次，发挥认识的主体性应以认识的客观性为前提。最后，应端正学风。

文章末尾，作者作总括：修辞立其诚是唯物主义的原则，唯物主义是科学研究的真实基础。

张岱年先生不愧是一代哲学大家，其行文如风行水上，智性流转。一个"诚"字彰显了学人对名实一致、言行一致、表里一致的执着追求，表达了对真理、对真实的理性思考：理论命题符合客观实际就是真理，言行与社会实践相符合的就是真理，心口一致就是要表达真实的思想。写文章求真，做人更是要求真。

而要求真，就要避免主观认识的干扰，要以客观认识为基础，更要端正学风，最后绾结全文"修辞立其诚"是一个唯物主义的原则。

中心明确，表述干净利落，凸显张岱年先生求真求实的"立其诚"的文风。

二、抱朴见器，温润如玉

"修辞立其诚"，山负海涵，博大精深，是中国传统文化中的一个经典命题，许多宏猷大哲对其进行过精辟的论述。

南朝梁刘勰在《文心雕龙·祝盟篇》中说"凡群言发华，而降神务实，修辞立诚，在于无愧。"这告诉我们，大凡文章都追求文采，但用于降神的祝文却追求朴实，写作祝词要真诚，要内心无愧。

"所谓'修辞立其诚，所以居业'者，欲吾之谨夫所发，以致其实，而尤先于言语之易放而难收也。其曰修辞，岂作文之谓哉？"宋代大儒朱熹认为"修辞立其诚"是告诫我们说话要谨慎，说话前要深思而熟虑，要考虑所说出的话与实际是否相符合，所谓"易放难收"，话说出去容易，想要收回来就难了。

明代归有光有言："欲文之华，莫若德之诚。"即若要文章华美，必须有真诚的德行作基础，强调真诚的德行对于为文的重要作用。

无论是内心无愧、谨言慎行还是修德立言，都离不开人品的"真"与物的"实"。德行崇高的人才可言行一致、言之有物、名实相符，才能"修辞立其诚"，否则就是德不配言，名不副实。

"修辞立其诚"，内涵丰富，众说纷纭，张岱年先生又是如何深入浅出地将遥隔两千年的为学为人之道展示在我们面前的呢？同样离不开一个"诚"字，文笔因真诚而朴实无华，凭朴实的言辞而展示大学者的大器：谦谦君子，温润如玉。

文章开篇即显学人风范，"这句话虽然是两千年前讲的，现在仍应加以肯定，仍应承认……"连用两个"仍应"充分显现大学问家的蔼然态度、谦卑之风。

第二段在解说"立其诚"的三个内涵时，又以"可以说"引出，严谨中不失谦谦风度。

再看对人认识问题的主体性的论述，用了"往往""就应力求避免""力求认识外物的本来面目"等语句，婉商中含着自己独特的见解，既不失君子之风，又以谦谦之态拉近了与读者的距离，引起阅读者的共鸣。

"只有正确地认识世界，才能有效地改造世界。"观点明确，态度诚恳坚决，在大是大非问题上绝不含糊其词，显示了做学问的严谨与认真，或者说真诚。

作者侃侃而谈，娓娓道来，理性与智趣中显示了大学问家的器识与格局，话语温润，道理透彻，读来令人倍感亲切，受益良多。如在论述"言行一致"时，先浅言之，明白晓畅，再深言之，鞭辟入里，最后引用俗语"听其言而观其行"，阐明行为是否符合言论亦为言行一致的要求，可谓言近旨远，发人深省。

再者论证时能从读者实际出发，说真话，讲实话，容易引起读者的共情。如在谈"把自己的真实见解表达出来，应是'修辞立其诚'的起码要求"时，是从读者的角度出发谈问题，认为"揭示客观真理确非容易""说真话、讲实话，却不是容易做到的"。这些本就是对生活的客观认识，而作者没有像某些理论家一样罔顾事实，对读者横提要求，最终沦入以大话、套话谈"修辞立其诚"的桎梏。

最后作者说"虽然在今天的世界上唯心主义比较流行，我还是相信，唯物主义是科学研究的真实基础"，最见诚恳之态，诚实之意，心正意诚之君子风范，抱朴见器，温润如玉，不能不令读者折服。

三、正心诚意，求真务实

《礼记·大学》："欲正其心者，先诚其意；欲诚其意者，先致其知；致知在格物。"张岱年先生《修辞立其诚》的观点可以说是"正心诚意"的扬弃。《礼记·大学》中非常清楚地阐述了诚意的先决条件：研究物，获取知，才能意诚，否则"意诚"就是空中楼阁、镜中水月，难以有其功效。张岱年先生在传统的基础上推陈出新，从发言著论写文章的角度阐述"修辞立其诚"，强调要敢于说实话，讲真话是一个唯物主义的原则，而唯物主义是科学研究的真实基础。那么，作为生活在互联网技术高速发展、人工智能风起云涌、社会变革日新月异的今天，面对百年未有之大变局的大时代，我们应如何阅读张岱年先生的《修辞立其诚》呢？从中可以汲取哪些智慧？

"正心诚意"虽为儒家修身之要求，但对于今天的我们亦有客观现实意义，它告诫我们做人做事应心地端正，内心诚恳。端正才能大公无私，公而忘私，积极投身于社会主义建设之中；诚恳才能真心实意地付出，默默无闻地努力，两者结合才可"先天下之忧而忧，后天下之乐而乐"。《修辞立其诚》旗帜鲜明地告诉我们应求真务实，切不可随波逐流，哗众取宠，更不能沽名钓誉，在名利面前失去了说话做人的真诚。

关于名实一致，王安石的《答司马谏议书》给予了我们很好的启示，"盖儒者所争，尤在于名实，名实已明，而天下之理得矣。"名实一致不仅仅是"修辞立其诚"，还关系到社会生活的方方面面。不仅写文章要揭示现象背后的本质，做哲学研究、做科学实验更要理论与实践一致，否则只能是南辕北辙，缘木求鱼，竹篮打水一场空。"实践是检验真理的唯一标准"，毛泽东同志在《人的正确的思想是从哪里来的？》中明确指出，一个正确的认识，往往需要经过由物质到精神，由精神到物质，即由实践到认识，由认识到实践这样多次的反复，才能够完成。因而我们既要做到循名责实，以实践来检验理论是否正确，也应在实践中创造新的思想，这样社会才能发展、进步。

另一个方面，做人做事应避免主观干扰，对世界多几分客观认知，这样才能求真务实。古人云"兼听则明，偏信则暗""事不目见耳闻，而臆断其有无，可乎？"，如何客观正确地认知世界，在世界多元、信息芜杂的当今社会，更考验我们的器识与智慧。

只有抱有"为天地立心，为生民立命"的真诚的人，才不会被伪装、虚饰的生活表象所诱惑，才能以身在最高层的器识来看待生活。"务正学以言，无曲学以阿世""有容乃大，无欲则刚"，包容与无私则可让我们在纷纷扰扰的世态和喧嚣不已的名利面前保持那份从容淡泊与宁静优雅。静能生慧，宁静才可致远。

再说说智慧，人生智慧可谓一体两面，既有对自我的理性省察，又有对外在世界的正确认识。

"认识你自己"确实是一件特别困难的事情，但一个人若有高远的器识就能做到"三省吾身"，对自我能有正确的认知，能以真诚之态对待自己，对待外部世界。

有了对自我的正确认知才能排除认识事物时主观性干扰，才能以辩证唯物主义的原则看待身外的人和事，这样才可能有正确的认识。

唯物主义者才能无所畏惧，让我们敢于把自己的思想见解亮出来，做到"修辞立其诚"！

知人论世，缘景明情

——《迷娘（之一）》《树和天空》联读策略

为了实现新课程标准选择性必修与选修课程关于中外文学作品的学习要求——"学会尊重、理解作品所体现的不同时代、不同民族、不同流派风格的文化，尝试对感兴趣的中外文学作品进行比较研究或专题研究，理解作品所表现出来的价值判断和审美取向，作出恰当的评价"，笔者在引导学生品读《迷娘（之一）》《树和天空》两首诗时，借助传统的诗歌阅读形式"知人论世""缘景明情"，从而帮助学生深化对审美多样性的认识，增进对文化多样性的理解。

"知人论世"是我们在欣赏阅读诗歌作品时，应该深入探究诗人的生平和为人，全面了解他所生活的时代和环境，与作者成为心灵相通的好朋友。明代胡应麟说："作诗不过情景两端。"古人云"一切景语皆情语"，若我们能引导学生沉浸于诗境之中，借助已有的生活体会与审美经验，发挥想象与联想，就会与诗人产生共鸣，获得审美愉悦，深入理解诗歌的情感。

《迷娘（之一）》《树和天空》都塑造了鲜明的意象，营造了令人神往的诗境，与中国传统诗歌的特质有许多相同的地方，但两者又分属于不同时代、不同国度，诗人的生活与环境、意象的内涵与外延又有许多不同。因此，我们在欣赏这两首诗时，若借助于"知人论世""缘景明情"的传统方式进行阅读，不仅能取得良好的阅读效果，还可以以这一阅读方式为媒介，将中外诗歌的特征进行比较，从而认识文化的多样性，培养海纳百川、包容并蓄的文化情怀。

一、知人论世，营造阅读情境

"幽思发愤"，文学作品往往是作者所生活的时代风潮和自我思想情感的载体，而诗歌更是情感宣泄的产物，要进入诗人所创设的情感世界，若缺乏阅读情境营造，那只能是"雾里看花""隔靴搔痒"。

语文实践活动情境包括个人体验情境、社会生活情境与学科认知情境，要进行情境化阅读，首先应引导学生以互联网为媒介，搜集整理与《迷娘（之一）》《树和天空》相关的创作背景。

歌德作品中最为我们熟识的也许是《少年维特之烦恼》，它体现了十八世纪德国的启蒙运动在文艺复兴成果的影响下"狂飙突进"，表达了作者对博爱、平等和自由的追求，他的很多作品都体现了这一时代思潮。

《迷娘（之一）》是歌德长篇小说《威廉·迈斯特的学习时代》中最著名的抒情诗，是歌德《迷娘》歌曲中最脍炙人口的一首诗，抒发了迷娘思念家乡和追求美好世界的感情。

迷娘是马戏团里一个走钢丝的演员，后来被主人公威廉·迈斯特赎买，收留在身边，是小说中最动人的人物。她是一位性格内向、身体瘦弱的少女，却有着谜一样的性格魅力。她出生于意大利，是一个贵族与自己的妹妹私通生下的孩子。她很小的时候就被人诱拐到德国，过着饥寒交迫、颠沛流离的生活。她的父亲后来流落街头，以弹琴卖艺为生，后来也被威廉·迈斯特收留。迷娘自从遇到迈斯特，便过上了最美好最幸福的日子，她也强烈地爱上了迈斯特。可是由于疾病，她不久就去世了。

迷娘对故乡的思念与对美好感情的追求与歌德创作此诗时的人生经历与思想是相通的。歌德在18世纪80年代中期，因为无法忍受当时德国社会沉闷而压抑的环境，以不告而别的方式出逃，在意大利漫游将近两年才返回德国，在他心目中，意大利是理想化的古典主义的化身，代表着人、自然、艺术的和谐一体。而《迷娘（之一）》这首诗则反映了他对意大利这种人文化、牧歌式的想象，抒发了他对人类精神的发展所达到的一种完美境界的向往。

可以说，《迷娘（之一）》是歌德现实主义创作思想与理想主义精神完美结合的佳作。

《树和天空》的作者是特朗斯特罗姆，他是瑞典诗人，曾于2011年10月获得诺贝尔文学奖。

20世纪是多元而又变化繁复的时代，随着科学技术的飞速发展，古典主义时期的人文主义精神渐渐让位于科学主义，牧歌式的田园风光被一日千里的科技文明所代替。人人在追逐现代性，但人人又在现代性中感到危机四伏，朝不保夕，如卡夫卡的《变形记》、伍尔芙《墙上的斑点》等等，在对工业文明的荒诞、变形的揭示中进行反思。而特朗斯特罗姆的诗歌用平凡的意象展示神秘性与生命力，描绘了一幅至幻至美的宇宙世界图景。他诗中的世界图景印刻着北欧奇异怪美的自然图景，也有工业文明入侵之下的工业图景，还有在现代主义社会浪潮下展现出来的社会图景。在对每一个图景的描绘中，都体现着诗人面对现代社会作出的深刻思考与抵抗救赎。借由诗歌，诗人试图做一个祛魅社会的"返魅者"。

在现代主义的社会语境中，工具理性的横行在空间上促逼着自然，但牺牲技术来保全自然亦是毫无可行性的，在能够做出的行为上，最多去平衡技术与自然的关系，而不可能做到一个消除一个的程度。相比之下，在思想态度上能够做出的改变似乎更为重要。重新拾起对自然的敬畏之心，以平等的视角去看待包容自然于人们的存在之中，擦亮自然的神秘光芒，这便是特朗斯特罗姆诗中对于人与自然关系的重新思考：自然自在地存活于人们的生活之中，与生活中出现的一切事物同在，哪怕是工业的产物。而在平等的视角下，他们之间的关系并非对立而是呼应，共同组成生活的巨大神秘。而这里的神秘并非非理性层面的不可解，也非人的主体性不能触及的禁区，更多的是内含着的丰盈的生命力与可能性，是一种宇宙意识。诗人用诗的语言将自然的广袤神秘，寂静涌动展现出来，自然隐秘而强有力的生命力，不断地给予人们感官的刷新，给予人们灵魂神性的启示。借助于审美与诗性的微光但不脱离现实的存在，特朗斯特罗姆通达了自然与灵魂的道路，弥合了万物之间的缝隙。

现代主义与古典主义文脉相续。歌德作为18世纪德国"狂飙突进运动"的领军人物，其诗歌创作也带有鲜明的时代特征，《迷娘（之一）》在重章复沓中显示了他的现实追求与理想情结。特朗斯特罗姆作为现代主义文学的集大成者，亦用自己简洁凝练的诗歌表达着对现代社会中人与社会、自然的思考，这也是我们把两首诗组合在一起联读的意义与价值所在。在比较中我们才能寻找到进入诗人情感世界的密码，引起审美共鸣与文化多元化思考。

二、缘景明情，进入阅读情境

阅读情境中最重要的一点就是个人体验情境。个人体验情境最重要的途径就是在阅读诗歌时应展开联想与想象，只有将自我主观体验与诗歌所营造的意境结合起来，沉浸到诗歌情境中去，我们才能与诗人塑造的文学形象共情。另一个方面，我们要结合自我生活实际，对诗歌所蕴含的诗意、境界、情感进行辩证思考，从而将主观审美体验上升为理性审美思辨，达到对外来文化的多元理解和包容并蓄。

（一）因声求气，探寻称呼转换的深情

《迷娘（之一）》每节诗七行，前四行为正歌，侧重于写景，后三行为副歌，侧重于直接抒情。而最令人震撼的莫过于每一节诗最后一句迷娘对威廉·迈斯特称呼的变化——"爱人""恩人""父亲"，为什么迷娘的称呼会发生变化呢？其中蕴含着怎样的情感变化？体现了作者怎样的人生信念？假若我们从这一角度去阅读全诗，不仅容易进入每一节诗所创造的情境，而且三节诗可以形成整体比较阅读的场景，从而更有利于学生对诗歌的情感与人文精神做深入辨析。

"我愿跟随你，爱人啊，随你前往！""爱人啊"，迷娘抛开了少女的羞怯，在唱曲中明确地表达了对威廉的爱，而在爱人的眼中，一切景色都是明艳美丽的。因此，我们就很容易理解前四句景物描写了，那地方柠檬花开，绿叶衬着金黄的橙子，天蓝风和，桃金娘静立，月桂梢头。那里一切是那么美丽、新鲜，充满了勃勃生机，"绿""蓝""金黄"这些暖色调把那里渲染得烂漫迷人，和风中飘送着柠檬、橙子、月桂的清香，"静立"和"高昂"透露着生命的高贵与安详，这就是爱人眼中的世界：色彩斑斓，清香四溢，生机盎然。

在这里，我们可以引导学生赏读《牡丹亭·游园·皂罗袍》唱段："朝飞暮卷，云霞翠轩；雨丝风片，烟波画船"。爱人的眼中往往是姹紫嫣红，良辰美景。

这就是迷娘向往的故乡，故乡有美丽如诗般的爱情，也是歌德一个人文主

义者所向往的理想主义世界。

第二节迷娘对威廉的称呼变成了"恩人"，表达了她对威廉的感恩之情。迷娘来自意大利，孩童时被拐卖到了德国，在一个马戏班里备受摧残，是威廉从剧院里解救了她，并在威廉的照顾下，过上了安宁幸福的生活，慢慢成长为一个美丽多情的少女，迷娘对威廉是充满了感恩之情的。所以第二节迷娘眼中的房子圆柱成行，厅堂辉煌，居室宽敞明亮，其至还有那善解人意的大理石雕像，正在深情地凝望。这就是迷娘渴盼的家，华美、富丽、温暖，更有在威廉照看下成长的美好的记忆，这是爱的源泉，是"前往、前往"的动力。

家园，是人类永恒的归宿。迷娘渴盼与威廉一起回归故乡。歌德漫游意大利后渴盼回到德国，他期盼德国像自己所看到的意大利一样美丽，富足，人民安居乐业，享有自由与爱。

可是，回乡的路又是那么艰险，所以，迷娘憧憬着回乡的旅途中，威廉像父亲一样庇护着她，故而最后一节对威廉的称呼转换成了"父亲"。

品读到这里，同学们也许会问，按照时间发展的线索，迷娘对威廉的称呼应为恩人、爱人、父亲。因为最早的情节应是威廉将她从马戏班里解救出来，给了她安宁的生活，这是恩人；随着迷娘慢慢长大，情窦初开，她爱上了威廉，这是爱人；当爱无望时，迷娘渴望回到她的故乡，可归乡的路途既遥远又艰险，她渴盼父亲的庇护，所以她称呼威廉为父亲。通过这样的情境分析，我们发现诗歌节律与小说故事是错位的，为什么有这种错位呢！

其实也是合乎逻辑的，对威廉的爱是迷娘当下的情感，而感恩是过去的回忆，但爱而不得才是迷娘内心最大的苦痛，所以她期盼着能回到故乡，只有故乡才能收留她无所皈依的心，正是在这种纠结与痛苦中，迷娘走向了生命的终结。其实，迷娘对故乡的迷恋，也正反映出歌德对"意大利式"的德国的憧憬。

所以，我们如果以《迷娘（之一）》中迷娘对威廉称呼的转换为介质，进入诗歌阅读情境，我们就能对诗歌每节所选用的意象豁然明了，也可顿悟诗歌蕴含的深情。

（二）涵泳意境，思考树、我们的辩证关系

面对二十世纪飞速发展的工业文明、现代主义社会浪潮，作为诗人的特朗斯特罗姆有自己独到的思考。在科技文明中，人与人如何相处，人与自然如何和谐统一，人又应如何平衡科技的发展与自然的关系，这些是身处其中的诗人所观照与思考的命题，他以诗的形式将其呈现在读者面前。由于世界纷繁、心理复杂、时空转换迅疾、自然与人关系多元，诗人所采用的表现形式也十分丰富，既有古典主义、象征主义的浪漫，也有超现实主义的含混，构成了其意象凝练多元的特点，正如这一个日新月异的世界，《树和天空》就是这一类作品的杰出代表。

初读此诗，学生普遍感觉很美，但又难以理解，缺乏中国古体诗的平易明快，颇有"沧海月明珠有泪，蓝田日暖玉生烟"的朦胧。那么，我们如何引导学生去体悟诗的情感与理趣呢？把握意象，设置阅读情境，只有学生的个人阅读体验情境与诗的情境融会，学生才能"登堂入室"，一览诗歌所呈现的美好生活图景，解读诗歌深刻的哲理思考。

首先，我们看两节诗主要的意象和意象的观察者：树，我们。

我们看第一节中的树。

一棵树在雨中走动

在倾洒的灰色中匆匆走过我们身边

它有急事。它汲取雨中的生命

就像果园里的黑鹂

诗人通过拟人化手法，赋予树强健的生命力，它在雨中走动，汲取雨中的生命，这是一棵有目标、有向上追求的树，它是一棵孤独的树，它又是坚强的，它走过的是倾洒的灰色。在多重意象的组合中，呈现在读者眼里的再也不是一棵单纯的树，而是一个游走于现代社会的旅者。诗题为"树和天空"，虽然诗没有直接写天空，但那"倾洒的灰色"不就是工业文明所浸染的天空吗！随着科学技术的提高，工业文明的迅猛发展，天空不再有古典主义时期的晴朗、蔚蓝、纯净，而是一片灰蒙蒙的色彩，即使是雨雾弥漫的时候，倾洒的依然是灰色。

可是，在这样的环境中，树依然匆匆地、急忙忙地汲取着雨中的生命，像果园中的黑鹂一样，为生命而歌唱。这哪里是一棵树，就是一个顽强的灵魂啊！

自然中的树是不可能游走于雨中的，从"匆匆走过我们身边"，我们可以想象得到，于雨中走动的应是我们，只是参照物的不同而产生的心理错位而已。诗人是在写树，又何尝不是在写我们自己？

第二节对我们自己的观照就更为清晰。

雨停歇。树停下脚步

它在晴朗的夜晚挺拔地静闪

和我们一样它在等待那瞬息

当雪花在空中绽开

此节中，树与我们生命的律动达到了和谐一致，雨洗去了天空的灰色，夜空晴朗，树挺拔地静闪，"挺拔"写出了树走过倾洒的灰色、汲取雨中生命之后的茁壮与自豪，"静闪"写出了树平静地呼吸着生命的气息。这是匆匆过后的平静，是急忙之后的安宁祥和，而它和我们一样有所待：雪花在空中绽开。这个时候已经分不清哪是树，哪是我们，自然的精灵与宇宙的灵长——人类，已经合而为一，水乳交融。

树匆匆走过我们身边，成了我们审视的对象；树又和我们一样，在等待那瞬息，成了审视我们的主体。我们可引导学生继续思考，为什么"雪花在空中绽开"成了树与我们共同的等待？我们就要探析"雪花在空中绽开"的意蕴。

雪花是大自然孕育的精灵，是严寒诞生的宠儿，是绽放于天空最纯洁最美丽的花朵。所以从这些角度，我们可以体悟到诗人为什么把雪花作为自然与人类共同的等待：经历苦难的洗礼才有生命的成长与成熟，面对生命中的苦难我们应坚强、乐观；美好的事物既有美丽的一面，也是很短暂的，就如自然界中所有的生命，因而我们对生命应保持敬畏；树、雨、雪、人都是自然的宠儿，所以我们应尊重自然，敬畏每一个生命，人类才能拥有和谐美丽的前景……

特朗斯特罗姆说："诗是对事物的感受，不是再认识，而是幻想。一首诗是我让它醒着的梦。诗最重要的任务是塑造精神生活，揭示神秘。"

诗人以古典的浪漫与现代主义的隐喻完成了对人与自然、人与人关系的思考，并展示了他所憧憬的现代文明图景中人类美好的梦境！

（三）文脉相续，明朗与模糊的审美境界

当我们把歌德的《迷娘（之一）》与特朗斯特罗姆的《树和天空》放在

一起涵泳时，学生们普遍感到有一种难以言说的愉悦。那么，我们就应顺势而为，引导学生思考愉悦产生的原因。

剥离开诗歌的韵律、意象、句式等形式上的因素，给予我们最美好感受的是诗歌中激荡着的人文精神，对美好人性的反省与讴歌，对理想化人类家园的眷恋与建构。

歌德借迷娘美丽的歌声，对充满了人文主义色彩的故乡进行了深情地礼赞：这里有美好的人性，威廉不仅从马戏班里解救了迷娘，而且给予了她健康的成长环境，给了她幸福的生活；情感的交流又是双向的，迷娘在诗中表达了对威廉最诚挚的感恩之情，这是人性光辉的静闪。

迷娘深深地暗恋着威廉，可这时，威廉已经开始与精明能干的特蕾萨交往。迷娘又不愿扰乱威廉的情感，故而只能用歌声表达自己的爱恋与痛苦，最后怀着对爱情的绝望和对故乡的思念，在病中悲惨地死去。迷娘的悲剧更显示了人性的美好。

而他们眼中的故乡，是那么美丽、富贵、安详。有美丽的风景，华美的建筑，淳朴的人情，大理石又如此善良，何况是人们！即使是危崖、瀑布，也是那么奇异。

歌德在明朗的意象选择中表达了对美好人性的讴歌，对美丽家园的向往。处于现代文明社会中的特朗斯特罗姆同样以凝练、新颖的意象，表达了对人类家园的哲理思考。虽然工业文明的快速发展，会给我们的家园带来一定的伤害，会有灰色的倾洒，但只要我们敬畏自然，善待自然与自我，我们就一定能等到雪花的绽放那绝美的境界。

故而，学生们都认为，虽然时代在变，思想在变，但对美好家园的追求，对自我精神的纯净应是我们永恒不变的追求。

三、煦濡涵育，诗意栖居

翻译家李笠对特朗斯特罗姆的诗有过中肯的评价："他（特朗斯特罗姆）的作品语言风格简洁凝练，意象奇特而精准，带有禅意，有中国唐诗的意蕴。"

对美好家园的追寻是人类共通的梦，歌德的《迷娘（之一）》中有美丽的"故乡"，《树和天空》中有对现代文明浸染的家园——自然、社会、人和谐一体的憧憬，而中国的诗词中亦不乏同样的歌唱。

《诗经·王风·君子于役》就展示了两千多年前美丽的家园情景。

君子于役，不知其期。曷至哉？鸡栖于埘，日之夕矣，羊牛下来。君子于役，如之何勿思？

君子于役，不日不月，曷其有佸？鸡栖于桀，日之夕矣，羊牛下括。君子于役，苟无饥渴！

傍晚时分，鸡回到了鸡埘中，牛羊迈着悠闲的步履，缓缓地回到庭院中，这幅温馨祥和的家园图景成了游子心中永远的思念，成了倚门远眺的妻子渴盼的生活。

陶渊明的《归园田居（其一）》中的家园与歌德笔下的故乡有风月同天之妙。

> 方宅十余亩，草屋八九间。
> 榆柳荫后檐，桃李罗堂前。
> 暧暧远人村，依依墟里烟。
> 狗吠深巷中，鸡鸣桑树颠。

陶渊明的诗描写回乡后的生活，写出了置身田园的快乐，让人能深切地体会到只有家园，才是我们心灵的皈依之境。

王维的《渭川田家》中写道：

> 斜光照墟落，穷巷牛羊归。
> 野老念牧童，倚杖候荆扉。
> 雉雊麦苗秀，蚕眠桑叶稀。
> 田夫荷锄立，相见语依依。
> 即此羡闲逸，怅然歌式微。

诗以农舍、荆扉、田园、牛羊与野老、田夫等形象事物构成的家园景观，成为其心神向往的世外桃源。正是这种对牧歌田园的审美建构，使诗人获得了一种特殊的温馨感与幸福感，获得了一种牢靠的情感依托。因此，他的诗中既充满了对于远去田园的审美想象，又夹杂着走失田园的无尽追怀。

"君自故乡来，应知故乡事。来日绮窗前，寒梅著花未？"故乡，在中外诗人的心中，不仅仅是一个地域概念，更是精神的家园，是灵魂的皈依所在，也许它并不像诗中所写的那样富有、美丽、浪漫，但那里有走动的绿树，有流动的瀑流，有青藤爬满的小屋。从这一个角度，我们去感受故乡，去理解故乡，就能真正读懂歌德的《迷娘（之一）》和特朗斯特罗姆的《树和天空》。

参考文献

［1］王文婷. 存在主义视域下特朗斯特罗姆诗歌研究［D］. 重庆：西南大学，2019.

［2］张永祎，王志清. 返观家园：王维灵魂深处的特别眷顾［J］. 江苏社会科学，2018（3）：247.

第五章

群文背景下的
教学案例设计

乡关何处

——《迷娘（之一）》《树和天空》比较阅读教学设计

【教学设计说明】

《迷娘（之一）》《树和天空》为统编高中语文教材选择性必修中册第四单元的两篇诗歌作品。本单元编写的主旨是想通过这些有代表性作品的阅读，让学生积累对于不同体裁文学作品的感性经验和相关知识，并通过自主研习活动进行梳理与整合，发展形象思维与逻辑思维能力。

歌德《迷娘（之一）》与特朗斯特罗姆《树和天空》虽同为外国诗篇，但由于作者生活的年代相差较远，对生活的认识、诗歌的表现手法均有很大的不同。然而，不同中却有很多共通的地方，《迷娘（之一）》可理解为对现实故乡的遥想，充满眷恋之情；而《树和天空》是对人类共同精神故乡的畅想，展示了诗人富有现代意义的前瞻性。将两首诗歌组合在一起联读，不仅能让学生得到美的享受，而且还可让他们进行理性思考，从文学层面上升到文化情思。

【教学设计视角】

1. 将两首外国诗进行对比联读，让学生在自由阅读中熟悉诗歌内容，把握作者情感倾向。

2. 分小组进行比较分析，探讨两首诗情感与哲思的异同，从文化学角度进行哲理思辨。

3. 回忆中国古代思乡诗，从中外文化比较角度谈他们的相同点，从而滋养学生的文化情怀，培养他们对外国文化的认同感、包容性。

【教学目标】

1. 读准字音，读清句读，能够有感情地诵读诗歌。
2. 品读诗句，把握诗人借助特定意象表达的情感与哲理思考。
3. 思辨提升，认识中西方文化的多样性与差异性。

【教学重难点】

1. 理解诗歌中意象和思想情感之间的呼应关系。
2. 感受诗歌中体现出来的文化多样性与差异性。

【教学方法】

诵读法、点拨启发、合作探究。

【课时安排】

1课时。

【教学过程】

（一）课前准备

（1）搜集资料，了解歌德、特朗斯特罗姆的生平经历和《迷娘（之一）》《树和天空》的创作背景。

（2）诵读两首诗歌，并设计《迷娘（之一）》《树和天空》的诵读脚本。

（二）课堂导入

野夫在《乡关何处》中说："许多年来，我问过无数人的故乡何在，他们许多都不知所云。他们的父母一代是有的，但到了这一代，很多人都把故乡弄丢了。城市化和移民，剪断了无数人的记忆，他们是没有且不需要寻觅归途的人。故乡于很多人来说，是必须扔掉的裹脚布；仿佛不这样遗忘，他们便难以飞得更高走得更远。"

海德格尔说："一切的诗人都是还乡的。"

崔颢的《黄鹤楼》："日暮乡关何处是？烟波江上使人愁。"

（三）新知学习

活动一：知人论世，展示背景材料

（背景材料见"知人论世，缘景明情""一、"的内容）

活动二：诵读联读，感知诗歌音韵

篇目	叙述视角（抒情主人公）	中心对象	意象	音韵特点	情感感知
迷娘（之一）	迷娘	那地方	柠檬花、绿叶、橙子、桃金娘、月桂、房子……	重章复沓	思乡
树和天空	我们	树和天空	树、灰色、黑鹂、夜晚、雪花	情绪流动	复杂现实思考

活动三：梳理诗歌内容，体悟家园情结

篇目	家园特点		家园情感	
迷娘（之一）	优美	温暖	前往，前往	思念
树和天空	紧张忙碌	安静闲适	等待	美好期待

活动四：中外诗歌联读，思考中外文化异同

黄鹤楼

［唐］崔颢

昔人已乘黄鹤去，此地空余黄鹤楼。

黄鹤一去不复返，白云千载空悠悠。

晴川历历汉阳树，芳草萋萋鹦鹉洲。

日暮乡关何处是？烟波江上使人愁。

篇目	时间	空间	乡愁表现形式	给人的感受
黄鹤楼	千载	汉阳、鹦鹉洲	何处是	迷茫
迷娘（之一）	迷娘的成长	故乡	随你前往	明确
树和天空	晴朗的夜晚	一棵树和天空	等待	复杂

课堂作业：关联现实生活，培育家国情怀。

（四）课堂总结

海德格尔说："一切的诗人都是还乡的。"中外诗人，他们表现自己对家园眷恋的方式也许不同，但真挚的情感却是相通的，这也是我们阅读以上两首外国诗时共情共鸣的地方。当我们引导学生把这种家园意识上升为一种哲理思考时，就能真正读懂《树和天空》对人、自然、社会思考的多义性，也能感受歌德对古典浪漫的人文主义的艳羡，并在多元文化的审美濡染中诗意地栖居！

【作业布置】

搜集材料，以《乡关何处》为题，做一个怀乡诗阅读文集。

【板书设计】

乡关何处

乡关：

迷娘（之一）：优美，温暖

树和天空：生机，静美

　　　——追求：诗意栖居

悟自然之美，品士子风骨

——《故都的秋》《我与地坛（节选）》比较阅读设计

【设计思路】

《故都的秋》《我与地坛（节选）》为统编高中语文必修上册第七单元课文，本单元人文主题为："感受自然之美"。提升感悟力，激发对自然的珍爱和对生活的热爱；培养与自然和谐相处的理念，树立合理的自然观；探寻民族文化观念和审美心理。为了实现这一阅读目标，我们将《故都的秋》《我与地坛（节选）》进行比较阅读，就能更深入地理解本单元的教学目标，更能驾轻就熟地实现教学目标。

这两篇文章由于创作时代不同，在风格与情感有许多不同的地方，但在文化心理与文化传统上又一脉相承，故而将两篇文章作对比阅读，对于引导学生理解中华文化的多样性，深入体会中华士子的情感与风骨具有不可替代的作用。

《故都的秋》是中国现代小说家、散文家郁达夫创作的抒情散文。此文从故都"秋晨""秋槐""秋蝉""秋雨""秋果"五个方面的景物出发，紧扣"故都"和"秋"两个词语，表现了"故都之秋"的"清、静、悲凉"的特点，表达了作者对故都的一往情深，渗透着作者消极与积极情绪纠结斗争的痕迹。文章语言朴素、自然、清丽、流畅，运用多种修辞手法，以多角度表现"秋味"，景物描写饱含深情。

从1921年9月至1933年3月，郁达夫曾将相当大的精力投入左翼文艺活动和创作中。由于国民党白色恐怖的威胁等原因，郁达夫从1933年4月由上海迁居杭州，1936年2月离开杭州赴福州，在杭州居住了近三年。在这段时间里他思想苦闷，创作枯竭，过的是一种闲散安逸的生活。"在家吃点精致的菜，喝点芳醇的酒，睡睡午觉，看看闲书，不愿意将行动和平时有所移易；总之是懒得动。"（引自郁达夫《住所的话》）在这两三年间，郁达夫花了许多时间到处游山玩水，在一定程度上也是为了排遣现实带给他的苦闷和离群索居的寂寞。在游山玩水的过程中，他写了许多游记。在杭州期间，郁达夫提倡静的文学，写的也多是"静如止水似的遁世文学"。1934年7月，郁达夫"不远千里"从杭州经青岛去北平，再次饱尝了故都的秋"味"，同年8月，他写下了《故都的秋》这篇散文。

《我与地坛》是一篇哲思抒情散文，这部作品是史铁生文学作品中充满哲思又极为人性化的代表作之一，是作者十五年来摇着轮椅在地坛思索的结晶。散文中饱含作者对人生的种种感悟，对亲情的深情讴歌。地坛只是一个载体，而文章的本质是一个绝望的人寻求希望的过程，以及他对母亲的思念。

《我与地坛》集中思考和表达了"生命"的困难与意义，这是史铁生在漫长的艰难岁月里对生命再三循环反复地思考咀嚼和叩问所得。这样的主题方向，对于当代散文来说，或许并不是重大的创举，此前的散文写作，一般也都会触及这类主题。但是能够以一种平实、冷静、温情而透彻的态度娓娓道来，升天入地、丝丝入扣、体贴入微，毫不勉强造作，并抵达一种能为平常人所理解又难以企及的境界，却只有史铁生做到了。

【教学目标】

1. 学习两篇散文中比喻（博喻）、拟人、通感等修辞之美，并运用在写景作文中。

2. 把握两篇散文中的写景画面及特点，学会分析"景"与"情"的关系。

3. 把握散文"形散神聚"的特点，形成正确的审美意识、健康的审美情趣，掌握表现美、创造美的方法。

4. 体悟文中蕴含的特殊文人气质及其对散文创作的影响。

【教学重难点】

教学重点：体会写景之美。

教学难点：以学习任务为中心，引导学生在真实的情境中学习和运用语言，在个性化的参与实践中提升语文素养。

【课时安排】

1课时。

【教学过程】

课堂导入：

古人云："登山则情满于山，观海则情溢于海。"本单元以"自然情怀"为主题，写出了不同作家在不同时代和不同境遇下对自然的不同观感。今天就让我们一起走进两篇文章，在最美的风景中读懂作者不一样的情感。

活动任务一：知人论世，认识作家。

网上搜集整理两位作家的相关信息，并展示出来。

郁达夫（1896—1945年），浙江富阳人，中国现代作家、革命烈士。曾留学日本，毕业于名古屋第八高等学校（现名古屋大学）和东京帝国大学（现东京大学）。郁达夫是新文学团体"创造社"的发起人之一，是一位为抗日救国而殉难的爱国主义作家。在文学创作的同时，他还积极参加各种反帝抗日组织，先后在上海、武汉、福州等地从事抗日救国宣传活动，其文学代表作有《沉沦》《故都的秋》《春风沉醉的晚上》《过去》《迟桂花》《怀鲁迅》等。民国三十四年（1945年）九月十七日，郁达夫被日军杀害于苏门答腊岛丛林。1952年，中华人民共和国中央人民政府追认郁达夫为革命烈士。1983年6月20日，中华人民共和国民政部授予其革命烈士证书。

史铁生（1951—2010年），中国当代作家。北京人。1967年毕业于清华大学附属中学，1969年去延安一带插队。他因双腿瘫痪于1972年回到北京，后来又患肾病并发展到尿毒症，靠着每周三次透析维持生命。后历任中国作家协会全国委员会委员，北京作家协会副主席，中国残疾人联合会副主席。史铁生自称"职业是生病，业余在写作"。2010年12月31日凌晨3时46分因突发脑出血逝世，享年59岁。

　　活动任务二：同为北京，同为景物描写，但蕴含的情感与时代特征不尽相同，请同学们默读课文完成下列表格。

篇目		景物	特征	手法	情感
《故都的秋》	秋晨图	驯鸽的飞声破屋、破壁腰、疏疏落落的草	清、净、悲凉	视觉描写	旧中国时代环境的黑暗。作家个人气质的抑郁善感。作家的文艺观和审美追求
	秋槐图	脚踏满地落蕊，一点点极微细极柔软的触觉，灰土上留下来的一条条扫帚的丝纹		听觉描写	
	秋蝉图	衰弱的残声		细节描写	
	秋雨图	灰沉沉的天底下、一阵阵凉风、青布单衣、都市闲人		动静结合	
	秋果图	淡绿微黄，等枣树叶落，枣子红完，西北风就要起来了，北方便是尘沙灰土的世界		色彩斑斓	
《我与地坛（节选）》	第3段	琉璃、门壁、高墙、老柏、野草	地坛是破败、荒芜、古旧的，同时又宁静，充满活力、生气	白描手法	为作者的思考提供了一个特定的"情绪背景"
	第5段	蜂儿、蚂蚁、瓢虫、蝉蜕、露水		细节描写	生活得优雅、淡定、从容
	第7段	夕照的灿烂，雨燕的高歌、孩子的脚印、苍黑的古柏、暴雨中的草木和泥土的气味		视觉、听觉、嗅觉、味觉	激励作者面对不幸，采取积极的人生态度

　　活动任务三：比较品鉴两篇文章所描写景物的不同，感受其中蕴含的对生命的思考。

篇目	景物特征	审美思考	辩证认知
《故都的秋》	清、静、悲凉	品尝、赞叹	对宁静、和谐生活的向往、读书人的责任与抱负
	清闲、落寞、深沉	眷恋	
《我与地坛（节选）》	废弃、荒芜、冷落、历尽沧桑	荒芜但不衰败	死是一件不必急于求成的事
	沉静光芒、炽烈清纯、坦然、生机	庆幸而感激	

探究升华：《故都的秋》笔调虽然落寞，但字里行间洋溢着对故都的眷恋之情，写出了一个深受中华传统文化浸染的读书人对过上安宁温馨生活的向往。正是这一份不舍与痴迷让作者走上了抗日救亡的道路，最终献出了宝贵的生命。郁达夫眷恋的虽是过去，却给前行者指明了方向。《我与地坛（节选）》颇有一份深重的反思与省察意味，地坛是古老的，甚至给人荒芜之感，可是它又蕴含着无尽的生命力，那里的一草一木，每一个生灵都在演绎着生命的精彩，因而给予了史铁生生的启迪与勇气。

活动任务四：请同学们结合自己的阅读体验写一段读后感，谈谈两篇文章给予我们的生命思考。

（1）"秋天，这北国的秋天，若留得住的话，我愿意把生命的三分之二折去，换得一个三分之一的零头。"

郁达夫先生为什么愿意以生命的三分之二来换取北国三分之一的秋天呢。这可不是一般的时间上的比照，其中含蕴着的是对中华文明、对中国安宁和谐生活的深深向往，是论语中"一箪食，一瓢饮，居陋室，回也不改其乐"的士大夫精神，可是在那动乱、衰微的社会，哪里又能安放士子这一点微弱的企求呢？

叶嘉莹先生评李后主："因为正是唯有能以全心去享受欢乐的人，才真正能以全心去感受哀愁。而也唯有能以全心去感受哀愁的人，才能以其深情锐感探触到宇宙人生的某些真理和至情。"

从这个某种意义上，郁达夫和李煜有很大的相似之处，他们都拥有一颗赤子之心。正是因为有这颗赤子之心，成就了郁达夫至真至情的文学作品，也成就了他最终的生命选择。

生命以痛吻我，我却报之以歌。郁达夫在生活里感受到太多的悲苦与哀愁，但他并没有因此而沉沦。在《故都的秋》中，我们读到的不是文人伤春悲秋的悲观生命之姿，也绝不是消极避世隐逸之趣，更多的是郁达夫以自身特有的稳健柔韧的生命之态，超越了物质生命，完成了自己的国民担当和对纯粹而浓烈的生命之美的追求。

（2）史铁生于1969年作为知青到陕西延安一带插队，1972年因双腿残废回到北京。在"找不到工作，找不到去路，忽然间几乎什么都找不到了"的时候他"走"入地坛，从此便与地坛结下了不解之缘。在这里，他徜徉了十五年，"就再没长久地离开过它"。残垣断壁所显现出的历史沧桑感让史铁生充分感受到时间永恒的伟力，感受到岁月流逝的无情。面对宇宙的浩渺和历史的凝重，史铁生在体悟到个人的微不足道、个人遭遇的无常和偶然的同时，也深刻体悟到一个不幸的人应该如何获得精神的解脱，得到灵魂的自救。在这种情况下，史铁生写下了《我与地坛》。正如作者说：

《我与地坛》这部作品，就像一幅色彩斑斓的画卷，缓缓铺展在我眼前。它不仅仅是一本书，更像是一个鲜活的生命体，在我心中跃动。

当我翻开书页，仿佛能听到地坛中那四季的呼吸声。春天，万物复苏，嫩芽破土而出，就像我对生命的期待和渴望；夏天，阳光炽热，绿树成荫，就像我内心的热情与活力；秋天，落叶飘零，金黄满地，就像我对过去的怀念与感慨；冬天，白雪皑皑，寂静无声，就像我对未来的沉思与期待。

在作者的笔下，地坛不仅是一个地方，更是一个情感的寄托。我们仿佛能看到作者坐在地坛的某个角落，静静地观察着周围的一切，思考着生命的意义和价值。他看到了时间的流逝，感受到了生命的脆弱，也看到了生命的力量和美好。在这本书里，史铁生用那撼人心魄的词句描绘着个体生命与生命奥秘，温柔有力、直击心灵。在这座园子里，我们都能寻见自己的身影，探索到生命的意义。

【作业布置】

阅读下面的材料，根据要求写作。

请以"秋天的沉思"为话题这一篇文章，要求：选好角度，确定立意，明确文体，自拟标题；不要套作，不得抄袭，不得泄露个人信息；不少于800字。

【板书设计】

悟自然之美，品士子风骨

故都的秋：

清、静、悲凉——热爱、眷恋、落寞

我与地坛（节选）：

历尽沧桑，生机勃发——爱和感激

血沃中原肥劲草，寒凝大地发春华

——《记念刘和珍君》《为了忘却的记念》群文阅读设计

【设计思路】

"天若有情天亦老，人间正道是沧桑。"《记念刘和珍君》和《为了忘却的记念》是统编高中语文选择性必修中册第二单元第六课的两篇文章，它们同属于课程标准"中国革命传统作品研习"学习任务群中"苦难与新生"主题，都是以写人记事为主的纪念性散文。前者赞扬以刘和珍为代表的"为了中国而死的中国的青年"，后者感叹白莽、柔石等人的牺牲使中国失掉了很好的青年，两篇文章都表达了对青年革命烈士的哀悼和对反动势力的痛恨。

两篇文章有许多可以比较之处：比如二者都提到了"忘却"，前者以讽刺的口吻说"忘却的救世主快要降临了吧"，后者则说"我不如忘却，不说的好吧"；又如二者都带有很强的抒情性，但前者的抒情直露显豁、汪洋恣肆，后者则使用了不少曲折隐晦的笔法。这些都是我们进行群文阅读的出发点。

这两篇文章都是鲁迅先生的作品，表现了伟大的无产阶级革命家在特定的历史时期的忧患与抱负，写出了他对青年人的讴歌与哀悼，虽为叙事性散文，但都刻画了鲜明的无产阶级革命青年的光辉形象，表现了他们为进步、民主、自由而不屈不挠地斗争、视死如归的精神、血战前行的勇敢与无畏。距离作品的时间虽然过去了近百年，今天的我们虽然生活在一个物质文明、精神文明高速发展的社会，但我们依然需要这种革命精神的浇灌，只有这样我们的青年才能在遇到困难时勇挑重担，在国家需要时舍生忘我。

基于以上分析，我们将两篇课文进行重组，并侧重于比较一个方面——

人物精神，以图通过对人物形象与精神的品析与审美鉴赏达到对学生革命精神的濡养，从而继承与发扬光辉的革命传统，树立勇于为国奉献的精神，不负青春，不负韶华。

故而本次比较阅读课主题借用鲁迅先生的诗句，拟定为"血沃中原肥劲草，寒凝大地发春华"，拟从人物形象分析、精神内涵赏读、现实意义思考三个方面设计本课比较阅读方案。

【设计理念】

以语言建构与运用为切入点，以审美鉴赏与创造为主要教学内容，在写作中提升学生的思辨能力，自觉传承革命文化。

【教学目标】

1.通过比较阅读，根据事件概括人物形象，提升学生的语言运用素养。

2.比较两文在抒发感情上的差异，培养学生的辩证思维核心素养。

3.联系现实思考两文的当代意义，培养学生对文化的理解与审美辨析素养。

【教学重难点】

教学重点：通过抒情方式的赏析，品鉴革命青年的精神内涵。

教学难点：让学生在革命文学作品阅读中树立文化自信。

【教学方法】

启发式教学法；讨论法；自主合作探究法。

【课时安排】

1课时。

【教学过程】

课堂导入： "血沃中原肥劲草，寒凝大地发春华。"鲁迅先生以形象的诗句阐明了我们今天和平美好的生活是建立在革命先烈前赴后继的牺牲之上的。

在那样的时代，有一群追求光明、向往民主的青年学生，用他们的鲜血和青春奋斗，给予了我们前进的动力与现实思考。让我们走进鲁迅先生抒写的世界，去触摸那一颗颗鲜红而又无私的心吧！

活动一：概述人物主要事迹，概括人物形象。

篇目	主要人物	人物事迹	人物形象	内在精神
《记念刘和珍君》	刘和珍	①预订《莽原》	敬畏鲁迅先生，自觉支持革命事业	思想进步、追求真理
		②带领同学们与反动校长进行斗争而被开除	微笑着，态度很温和	敢于反抗、乐观温和
		③虑及母校前途，"黯然至于泣下"	关心母校的命运，关心国家的前途	正义果敢、有责任心
		④"欣然前往"参加执政府门前的请愿	一腔爱国热情的热血青年	勇敢坚强、忠贞爱国
《为了忘却的记念》	白莽	①对《彼得斐传》和诗的翻译及有意曲译。②他与鲁迅初次见面后，在来信中坦率地表示"很悔和我相见"。③刚从狱中释出，热天穿厚棉袍，汗流满面，却毫无愁苦地登门拜访鲁迅	文学青年	勤奋坦诚、爱憎分明、坚强乐观
	柔石	①听讲义，②托送书，③名字风波，④弄文学，⑤借钱印书，⑥拼命译书，⑦与人走路，⑧改变创作风格，⑨狱中写信，⑩眷恋母亲等	硬气与迂	质朴、忠厚、为信仰而坚持不懈

活动效果：通过以上活动，我们可以清楚地看到由于叙事的目的不同，对于人物事迹的记述也是有区别的。《纪念刘和珍君》人物对象主要是刘和珍，事件相对简略，抒情性更浓重；《为了忘却的记念》记载了白莽、柔石等青年的事迹，事件记叙相对丰富，情感也十分克制，抒情性相对隐晦一些。

篇目	叙述的角度	叙议结合的区别	抒情的风格	表达的感情
《记念刘和珍君》	只叙述了与三一八惨案相关的情节，相对简略	叙述简略，议论成分较多	直接议论抒情成分较多	直露犀利毫无隐晦
《为了忘却的记念》	记叙了与柔石、白莽等人交往的过程，相对详细	叙事详细，议论成分较少	情感隐忍，直接抒情成分较少	隐忍克制曲折隐晦

活动二：比较文本抒情特点，提炼人物精神。

（1）由于两篇文章所记叙的人物不同，抒情方式也有很大的不同，鲁迅先生在字里行间所蕴含的情感表达也有很大的不同。我们可以让学生在默读两篇课文的时候，以小组合作的方式从以下几个角度展开探究。

（2）探究：同样是纪念性文章，为什么两篇文章的叙事方式与抒情风格有所不同？

同是纪念烈士的记事散文，同是在写'不能忘却'的主题，《为了忘却的记念》的革命抒情，就和《记念刘和珍君》有着完全不同的表达方式。如果说，在《记念刘和珍君》里，汪洋恣肆的激怒与哀痛，形成了诗意汹涌的感情的波涛，显示着对虐杀者的极端的憎恶与仇恨，并深刻地总结着血的经验与教训，昭示着革命的人们奋勇向前；那么，在《为了忘却的记念》里，这同样的激怒与哀痛，却把那动人心魄的感情力量蕴蓄在心，出之于笔端的，是深沉的纪实。

——现代文学家李希凡《论鲁迅的"五种创作"》

我们可以这样分析它们的不同：

① 对象不同：刘和珍只是众多仰慕鲁迅先生的学生之一，留给先生最大印象是"始终微笑着"；而柔石等是与鲁迅先生长期交往的革命青年，鲁迅先生明了他们的追求与坚韧。

② 写作时间不同：《记念刘和珍君》是在刘和珍牺牲两周后所写，情感还较愤怒；而《为了忘却的记念》是事件发生两周年后所写，情感郁积较深沉，因而行文很克制。

③ 随着时间的推移，鲁迅先生对革命残酷的认知更深刻，更理性，因而抒情方式也更深沉厚重。

（3）经典语言探究。

《记念刘和珍君》中，鲁迅先生给我们留下了许多富有理性思考、哲理启发的语言，值得我们引导学生思辨。

① 在"真的猛士，敢于直面惨淡的人生，敢于正视淋漓的鲜血"中，作者运用了什么表现手法，有什么效果？

提示：用整齐对称的句子，突出了"真的猛士"英勇奋进、无所畏惧的特点，同时，整齐的节奏增强了表现力，使人读来印象深刻。

②"沉默呵，沉默呵，不在沉默中爆发，就在沉默中灭亡"一句运用了什么修辞手法？这句话有什么含义？

提示：运用了反复修辞。作者直抒胸臆写出了当一个人或一个国家受到屈辱的时候，有时会因为怯弱和无知选择沉默，当屈辱积压到一定程度，超出了他的忍受范围，他会在凌辱和爆发中作出选择。如果他仍然没有勇气与意识去爆发，那么在心志上和形势上他已经趋于灭亡。

③"苟活者在淡红的血色中，会依稀看见微茫的希望；真的猛士，将更奋然而前行"这句话的深刻含义是什么？

提示：这个并列复句十分恰当地评价了"三一八"死难烈士对于将来的意义。尽管在这"并非人间"的世上活着的，有许多是"苟活者"，但即使是"苟活者"，也将从壮烈的事件中看到一点希望，哪怕是"依稀""微茫"的；而"真的猛士"将越来越多，先驱者的壮烈精神将激励、鼓舞他们更加勇猛坚定地去斗争、前进。

活动三：联系人物事迹，进行现实审美。

周围的人都睡了。……他们都在寂静中集合在一起，一个露天的营地，无数的人，一支军队，一个民族，在寒冷的天空下，在坚实的大地上……而你，你整夜不睡，你是守夜人之一，在你挥动的火把下，你瞥见脚下燃烧的火更近了——你为什么通宵不眠？必须有一个守夜人，大家都这么说！必须有一个。

——［奥］弗郎茨·卡夫卡《夜歌》

　　鲁迅先生说："死者倘不埋在活人心中，你就真死掉了。"这位守夜人就是通过小事情简洁的叙述，把面对苦难时勇敢、有责任和有担当的革命青年形象深深埋在我们的心里。因而，品读这两篇文章后，我们引导学生应主动承继青年勇士们所留下的革命传统，承担起振兴中华的责任，做一个积极追求阳光与温暖的人。

　　活动四：完成单元研习任务。

　　《记念刘和珍君》《为了忘却的记念》都是鲁迅为纪念牺牲的进步青年所写的回忆性散文，但在写作手法和语言表达上又各有特色。认真阅读这两篇文章，用旁批的形式就这些方面作一些评点，与小组同学交流后，合作整理一个"批注本"，在班上展示。

【板书设计】

《记念刘和珍君》《为了忘却的记念》比较阅读

叙事风格 $\begin{cases} 《记念刘和珍君》：直陈其事 \\ 《为了忘却的记念》：曲折含蓄 \end{cases}$

喜看稻菽千重浪，遍地英雄下夕烟

——《长征胜利万岁》《大战中的插曲》联读教学设计

【设计思路】

《长征胜利万岁》《大战中的插曲》出自统编高中语文选择性必修上册第一单元。此单元属于"中国革命传统作品研习"学习任务群，单元重点是学习反映革命传统的作品，通过学习了解英雄事迹，感受爱国情怀，领略革命精神和品格，形成正确的价值导向，并实现语文核心素养的提升。

杨成武的《长征胜利万岁》和聂荣臻的《大战中的插曲》都是革命家撰写的回忆录，都是他们的亲身经历，带有纪实性质，但两篇文章所记叙的内容与叙事的方式有很大的不同。

《长征胜利万岁》主要围绕"长征的胜利"选材，通过战士们激动的心情和对领袖的无比崇敬之情的描写，既有场面描写，又有细节描写，还有肖像、语言等描写，点面结合，展现了长征的伟大意义和革命家的英雄形象。而《大战中的插曲》则通过一个小事件——救护日本小女孩，展现了革命家的人道主义精神和宽阔的胸怀，以小见大，更注重细节的描写，从侧面反映了革命家在国际视野下的大情怀。

《长征胜利万岁》采用了顺叙的叙述方式，按照时间地点的转换，事件不断向前推进，重点回忆了吴起镇伏击战和全军干部会议两个重要事件，通过一次战斗和一次会议的描述，昭示着长征的全面胜利，让人置身于真实的历史氛围中，加深对长征胜利伟大意义的理解。而《大战中的插曲》则运用了倒叙的叙述方式，先指出"这是激烈的战火中的一个很有意义的'插曲'"，造成悬念，再叙述故事，围绕"插曲"，选取了在残酷的战争中救护日本小女孩的事件，并记叙了由此展开的政治工作，以及后来这件事情对促进中日友好产生的重大影响。

两篇文章虽然都是革命家撰写的回忆录，但通过不同的叙述方式和选材角度，展现了不同的历史画面和人物形象，各有其独特的历史价值和现实意义。将两篇文章重组，更有利于培养学生的革命精神，树立艰苦奋斗的理想信念，于语文表达能力的提高也十分有益。

【教学目标】

1. 反复诵读，明了回忆录的写作特征。
2. 掌握主要事件，把握人物形象塑造的方法。
3. 体会文章中的革命豪情，传承革命精神。

【教学重难点】

教学重点：在审美鉴赏中，探究回忆录写人叙事的艺术特色，品悟作品中洋溢的革命情感。

教学难点：感受中国革命文化的独特魅力，学习中国革命"精神""情怀"和"人格"，传承中国革命文化。

【教学方法】

诵读，讲解，点拨。

【学法指导】

"自主·合作·探究"式的学习。

【教学过程】

（一）情境导入

"喜看稻菽千重浪，遍地英雄下夕烟。"时隔三十二年，毛泽东同志重回韶山，抑制不住自己的革命豪情，写下了赞颂人民、讴歌革命的诗文。杨成武、聂荣臻两位老将军以他们特有的情怀，回忆了峥嵘岁月中的点点滴滴。今天，就让我们以两篇文章为载体，去分享战争胜利的喜悦，体悟革命情怀的伟大，在革命精神的洗礼中成长为一个优秀的时代新青年。

（二）背景知识

杨成武（1914—2004），福建省长汀县客家人，是中共优秀党员，共产主义战士，无产阶级革命家、军事家。他于1929年参加革命，1930年加入中国共产党。17岁当上团政委。后任红一军团第一师政治委员，指挥过抗日战争、解放战争，为创建新中国立下了不朽功勋。1955年被授予上将军衔。1955年获一级八一勋章、一级独立自由勋章和一级解放勋章，1988年获一级红星功勋荣誉章。2004年2月14日17时35分因病医治无效，杨成武在北京逝世，享年90岁。

聂荣臻（1899—1992），字福骈，曾用名聂云臻，四川省江津县（今重庆市江津区）吴滩乡石院子人。1923年3月加入中国共产党，1924年到苏联学习。中华人民共和国成立后，历任中央军委秘书长兼中国人民解放军代总参谋长、国防委员会副主席，中央军委副主席，国务院副总理兼国家科委主任、国防科委主任，中国老龄问题全国委员会名誉主任，中国发明协会名誉会长。1955年被授予元帅军衔，曾获一级八一勋章、一级独立自由勋章、一级解放勋章。1992年5月14日22时43分，聂荣臻逝世。

（三）新知学习

活动任务一：《长征胜利万岁》《大战中的插曲》对比阅读，完成下列表格填写。

篇目	时间	地点	人物	时代背景	主要事件	主题
《长征胜利万岁》	1935年10月	甘肃吴起镇	毛泽东、邓小平、杨成武、红军	长征时期	红军抵达吴起 吴起镇战斗 中央召开全军干部会 宣布长征胜利	宣告长征的胜利意义 弘扬长征精神
《大战中的插曲》	1940年	河北井陉	八路军战士、聂荣臻	抗日战争时期	救助遗孤 送女孩回日本 美穗子来访中国	展现革命战争的人道主义精神

活动任务二：《长征胜利万岁》《大战中的插曲》人物形象塑造。

篇目	人物	人物形象	语言和环境描写	体现的革命精神和品质
《长征胜利万岁》	毛泽东	领导红军进行战略性转移，胜利会师	长征是宣言书、宣传队、播种机	红军自强不息、无坚不摧的革命英雄主义；勇于吃苦、不惧艰难的革命乐观主义及不怕牺牲、勇往直前、不屈不挠、善于团结、顾全大局的长征精神
	邓小平	关心下属	关心一下宣传队的同志，给剧团的小鬼每人做套衣服	
	红军战士	红军歼灭二马骑兵、消灭反动民团，经历二万五千里长征，艰难跋涉到吴起镇胜利会师	进吴起镇……同志们欢叫着跑了下去，看到这个欢乐、热烈的场面，我们都很高兴	
《大战中的插曲》	聂荣臻	拯救日本战争遗孤	而奋斗到底……望君等幡然觉醒，与中国士兵人民齐心合力，共谋解放	表现了八路军的革命人道主义精神
	八路军			
	反战同盟日本兵	担任八路军教官，作战英勇		

活动任务三：《长征胜利万岁》《大战中的插曲》的场面描写。

篇目	场面	场面特点	表达情感	表达方式和记叙顺序	表达技巧	写作特点
《长征胜利万岁》	到达吴起镇	欢乐、热烈	体现红军对于中国共产党的热爱	记叙、描写、抒情、议论等表达方式，记叙以时间顺序为主	心理、动作、神态描写，环境渲染、拟人	精于剪裁，详略得当，注重实录
	吴起镇战役	紧张激烈	体现红军战士们骁勇善战、有勇有谋的战斗豪情			
	全军干部会议	热烈盛大	表达了杨成武对党中央领导的敬佩崇敬和听毛泽东宣讲的激动之情			
《大战中的插曲》	聂荣臻元帅照顾美穗子	细心、关爱	体现了八路军人民军队的性质和人道主义精神，展现革命家宽容博大的胸怀	倒叙、插叙、顺序等记叙方式	细节描写	用小题材来反映大道理

活动任务四：《大战中的插曲》作为一篇回忆性文章，在叙述方式、语言风格和选材上具有怎样的特点？

（1）语言浅白质朴，口语化。

聂荣臻元帅的回忆录语言浅白，用口语的形式进行叙述，娓娓道来。

（2）多样的叙述方式，夹叙夹议，感情充沛。

运用了倒叙、顺叙、插叙。在叙述故事的过程中，有对落难百姓的同情，对小女孩的关爱，还有对日军暴行的披露和对未来发展的看法，内容更加丰富，感情充沛，主旨更加深刻。

（3）小题材，大主旨。

选择了大战中的一支小插曲。

（4）巧用材料，深化主旨。如在回忆录里收录了致日本官兵的书信内容。

活动任务五：请评点红军战士所具有的革命精神。

（1）乐于吃苦、不惧艰难的革命乐观主义。

（2）勇于战斗、无坚不摧的革命英雄主义。

（3）重于求实、独立自主的创新胆略。

（4）善于团结、顾全大局的集体主义。

情爱悲曲，心灵颂歌

——《氓》《孔雀东南飞》群文阅读教学设计

【设计思路】

《氓》《孔雀东南飞（并序）》是统编高中语文选择性必修下册第一单元第一课和第二课中的两篇课文。本单元属于"中华传统文化经典研习"任务群，围绕"诗意的探寻"，从源头出发，选取了不同时期各具特色的七篇诗歌代表作，通过学习不同时期的名作，增进学生对古典诗歌体式和源流的了解。《氓》是《诗经》中叙事性较强的代表作品，《诗经》是中国古典诗歌的源头，开启了中国现实主义文学传统。《孔雀东南飞》是汉乐府叙事诗发展的高峰，汉乐府继承并发展了《诗经》的现实主义传统，在叙事写人方面呈现出了新的特点。

两首诗歌都是讲述古代婚姻爱情悲剧的叙事诗。就人物形象而言，卫女与刘兰芝品貌双全、德才兼备，但最终却沦为"弃妇"。一个在遭弃后清醒自悟，一个在再嫁时反抗殉情，醒悟反抗之间，两位女主人公诗意女性形象是如此的魅力独具，流芳千古。同体裁、同题材文本中人物形象的比较阅读有助于学生形成关联、迁移、类比、贯通式的思维，形成文学眼光，提高文化视野。

《氓》《孔雀东南飞》既有诗歌发展上的传承关系，又有许多不同之处。同为叙事诗，《氓》情节相对简单，音节更为紧凑，人物的心理变化更为含蓄。诗歌发展到汉代，随着语言的丰富，人物形象塑造手法也更为多样，故事情节更为复杂摇曳。卫女与刘兰芝既有共同的特质——美丽、勤劳、善良，但随着时代的变迁，她们身上又展示出不同的时代特性。将两篇同中有异的文章组合在一起联读，更能激发学生的阅读兴趣，也能深入揭示古代女子为爱情、自由、人格而抗争的心路历程，更能激励青年学生在现代社会中葆有人格的独立和自由精神。

诗歌是情感的产物，而这两首诗又属于叙事诗，刻画了鲜明的人物形象，展示了随着故事的进程人物精神的成熟与丰富，因而我们在联读设计时，应注重在故事的发展中去概括人物形象，分析人物内心。

【教学目标】

1. 探寻诗歌之美，品味诗歌之味，感受古人通过诗歌表达的哀乐悲欢。
2. 把握诗歌蕴含的文化精神，认识古典诗歌的思想意义与审美价值。
3. 探讨古典诗歌在当下社会生活中的意义。

【教学重难点】

教学重点：比较阅读，感受诗情画意，把握作品中女性形象的外在美与人格美，体会叙事诗在发展过程中塑造人物手法的生动、细腻、丰富。

教学难点：探讨古典诗歌在当下社会生活中的意义。

【教学过程】

教学导入：亲爱的同学们，我们能自由地在学校学习，自由地追求自己喜欢的事物，包括爱情、学业、事业，这些都是经过无数人努力奋斗而来的，甚至走过了几千年的奋斗历程。今天，就让我们走进卫女、刘兰芝的世界，去看一看她们为争取自由与人格独立所付出的努力甚至生命。

活动任务一：知人论世，请同学将搜集整理到的与两篇文章有关背景材料做展示。

（1）《卫风·氓》是春秋时期的一首民歌。自汉代以来，学者多以此诗为"刺淫奔"之作。《毛诗序》说："《氓》，刺时也。宣公之时，礼义消亡，淫风大行，男女无别，遂相奔诱，华落色衰，复相弃背。或乃困而自悔，丧其妃偶，故序其事以风焉。美反正，刺淫泆也。"清人方玉润在《诗经原始》中说此诗"为弃妇而作也"，今人多从之。

春秋时期生产力还相当落后，妇女在家庭中经济上不独立，人格上形成与男子的附属关系，男子一旦变心，就可以无所顾忌地将妇女抛弃。当时作为封建生产关系和等级制度的观念形态也逐步形成，妇女的恋爱和婚姻常常受到礼教的束缚、父母的干涉和习俗的责难，这也进一步形成了对妇女的精神桎梏。《卫风·氓》这首诗正是当时社会痴情女子负心汉的反映。

（2）《孔雀东南飞》是汉代乐府民歌中的长篇叙事诗，是乐府诗发展史上的高峰之作，后人盛称它与北朝的《木兰诗》为"乐府双璧"。它原题为《古诗为焦仲卿妻作》，因诗的首句为"孔雀东南飞"，故又有此名。

《孔雀东南飞》取材于东汉献帝年间发生在庐江郡（今安徽潜山一带）的一桩婚姻悲剧。此诗共三百五十七句，一千七百八十五字，主要讲述了焦仲卿、刘兰芝夫妇被迫分离并双双自杀的故事，控诉了封建礼教的残酷无情，歌颂了焦刘夫妇的真挚感情和反抗精神。全诗故事繁简剪裁得当，人物刻画栩栩如生，不仅塑造了焦刘夫妇心心相印、坚贞不屈的形象，也把焦母的顽固和刘兄的蛮横刻画得入木三分。篇末构思了刘兰芝和焦仲卿死后双双化为鸳鸯的神话，寄托了人民群众追求恋爱自由和幸福生活的强烈愿望。

活动任务二：请诵读两首诗歌，概括故事情节。

《氓》：

相恋—订婚—结婚—婚变—思变—回家

《孔雀东南飞》：

请归—求情—告别—逼婚—殉情—合葬

两篇文章情节结构都十分清楚，《氓》基本上是双线结构，以卫女的回忆为明线，氓的求婚等活动为暗线，在双线对照中写出了两个人物的心理与形象。《孔雀东南飞》主要是以刘兰芝的命运变化为线索，线索较单一明确，在这一过程中组织故事情节，塑造人物形象。

活动任务三：请同学合作探究两篇诗歌所塑造的人物形象的异同。

卫女：

面对男子的追求，她热烈回应，表现出对爱情的渴望；

她遵守婚嫁礼法，表现出端庄的一面；

她好言劝慰男子，善良体贴；

她涕泣言笑，沉醉爱情，颇具性情；

她不乏警觉，自我反思，聪明伶俐。

"亦已焉哉"的呼喊，更表现出她倔强刚强的一面。

刘兰芝：

当婆婆的役使指责与厮守爱情形成不可调和的矛盾时，她毅然选择了离开，表现出极大的勇气和反抗精神。

她深爱仲卿，依依惜别，表现出温婉柔情的一面；

她抗拒再婚，最后以死明志，又表现出性格刚烈的一面。

她面辞折磨她的婆婆，有礼有仪；

告别一起嬉戏的小姑，珍重情谊。

她含泪乞求母亲拒绝再婚，柔弱可怜；

又"仰头"面对"阿兄"的逼婚，刚强可敬。

在她身上，闪耀着美丽、真情、善意的光辉，表里澄澈，是古代文学作品中少有的反抗封建礼教、追求婚姻自由的女性形象。

活动任务四：探究卫女、刘兰芝形象的当代社会意义。

①《氓》中的卫女：爱情遭遇背叛之后，能痛定思痛，决然放下。这提示我们，女性在遭遇不幸时可以果断、清醒、智慧地及时止损，这种明智而坚强的女性形象是后人的榜样。

卫女的启发：女性要得到更理想的生活和展现更美好的姿态，就应该思考清楚，自己要成为一个怎样的人。

②《孔雀东南飞》中的刘兰芝：聪明美丽，自尊自爱，在当时封建礼教束缚下走投无路，只能以死抗争。这不仅是刘兰芝的悲剧，也是时代的悲剧，封建时代的女性是封建家长制和男权社会的牺牲品，这样美好而悲剧的女性形象是令人叹惋的。

刘兰芝的启发：女性要得到更理想的生活和展现更美好的姿态，就得探讨社会应该予以怎样的制度保障。

活动任务五：课后作文训练。

阅读下面材料，按要求作文。

《氓》中的卫女，将痴情交付，谁知遇人不淑，最后痛定思痛，"反是不思，亦已焉哉"，决然放下。

《孔雀东南飞》中的刘兰芝，聪明美丽，自尊自爱，在封建礼教的约束下走投无路，只能"举身赴清池"，以死抗争。

即使是在战场叱咤风云的花木兰，也有人为之遗憾："脱我战时袍，著我旧时裳。"建功立业之后，只能恢复女儿身，回归平常女性的家庭生活。

现代女性无疑幸运得多，有了更多的权利，有了更好的选择，但人生带给女性的挑战并不因此减少，生活工作不如意等悲剧依然在不断上演。作为男性，你是旁观者；作为女性，你是体验者。你是否可以从卫女、刘兰芝、花木兰的身上得到启发，为女性找到更为理想的生活，展现更为美好的姿态？

请你根据上文的材料和提示，写一篇文章。要求：自拟标题，自选角度，800字以上。

【板书设计】

情爱悲曲，心灵颂歌

《氓》 卫 女：温婉，勤劳，无奈——觉醒

《孔雀东南飞》刘兰芝：执着，真情，理性——清醒

女性抗争的颂歌

引类譬喻为生民，以退为进思报国

——《齐桓晋文之事》《烛之武退秦师》比较阅读设计

【设计思路】

高中语文必修下册第一单元属于思辨性阅读与表达任务群，其培养的语文素养包括体会相关课文议论说理的技巧和不同的表达风格，写议论性文章，学会阐述自己的观点。而《齐桓晋文之事》《烛之武退秦师》两篇文章俱为劝说论辩文章，它们在论事说理上有许多共同之处，但亦有更多的不同点。

《齐桓晋文之事》以对话的形式表现了孟子的政治主张和社会理想。全文以"保民而王"逐层展开，既一气贯注，又收放自如。先从正面入手，论述保民的根本是不忍之心。接着从反面论证，说明发政施仁才能"王天下"，善用比喻、类比论证。

《烛之武退秦师》是《左传》中的名篇，记录郑国大夫烛之武在郑国面临危难之时勇挑重担，游说秦穆公，拆散秦晋两国的联合，使郑国转危为安的故事。此篇亦为劝说之文，都是从对方利益入手并晓之以理，动之以情，但表达的价值观，论说的方式与前者有很大的区别。

故而，将这两篇经典名篇进行重组，以"论说"异同为抓手，深入比较它们的主旨、情感价值、论说方式等方面的异同，对于培养学生的思辨能力，提升传统文化审美水平，培养表达能力是很有效益的。

以上既是这堂比较阅读课的出发点，也是落脚点。

【教学目标】

1. 诵读文章，进一步培养在具体语段中理解文言文词句的能力。

2. 诵读文章，理解孟子、烛之武的论说方式，学会表述自己的观点。

3. 探讨论说背后的人文精神，传承中华文明之光。

【教学重难点】

教学重点：

（1）论说方式的异同。

（2）论说目标的异同。

（3）人物身上蕴含的人文精神。

教学难点：

（1）论说方式与人物生活环境的关系。

（2）学写思辨性论说文。

【课时安排】

1课时。

【教学方法】

探讨法，合作法，讲析法。

【教学过程】

教学导入：战国虎争，驰说云涌。齐宣王在其即位的第二年，用孙膑大败魏军，杀庞涓，俘魏太子申。齐宣王一心想要效法春秋五霸之一的齐桓公，称霸于诸侯，故而厉兵秣马，准备大杀四方。面对这样的齐宣王，携"保民而王"思想的孟子又是如何进谏成功的呢？

烛之武面对的是经营多年的秦晋之好，秦晋两国地理相近，时任两国国君有着密切的婚姻和政治关系，秦穆公不仅是晋文公的姐夫、丈人，而且用武力帮助流亡多年的晋文公重新回到晋国当了君主。烛之武要在兵临城下的时候试图打破秦晋的联盟，其难度可想而知，但烛之武凭借一腔爱国之心，摇动三寸不烂之舌，最终说动了秦穆公，达到了退秦兵弱晋国、保家卫国的目的。

今天，就让我们以两篇文章为媒介，走进历史场景，去学习古人说辩的艺术。

活动一：诵读两篇文章，重温两篇文章字词文句，探讨以下几个方面的问题。

（1）两篇文章语言表述上有什么不同？

（2）两篇文章进说君主的目的有什么不同？

（3）进说强权，进说者需要怎样的精神？

探讨答疑：《齐桓晋文之事》是对话体议论文，孟子要在与齐宣王的对话中，使他接受自己的政治主张，他就必须揣摸对方的心理，诱使对方顺着自己的思路来谈话。因此本文在写作上比较曲折委婉，层层深入，而且说理既逻辑严密，又注意形象生动。

例如，文章很多地方不是直接表达自己的观点，而是用生动形象化的比喻来说明道理，达到迂回曲折说理的效果。如为了说明"不为者与不能者之形何以异"的观点，他打了两个比喻："挟泰山以超北海"为不能，"为老人折枝"为不为，通俗形象，易于让人接受。

《左传》具有典型的写人叙事的白描艺术，文章以寥寥几笔来展现复杂的故事，在故事中作者只是直接描绘人物的言行，并通过人物对话之间的矛盾冲突来展现人物的性格，却不加以评论。

同样，在《烛之武退秦师》中，这种白描艺术也得到了非常突出的表现。接下来，通过分析文中简洁的叙事艺术和精练的语言艺术，就可以还原出文中各人物的真实性格及其之间的利益关系。

《烛之武退秦师》一文，简短的叙述不仅描绘了各国之间的紧张关系，而且于精简的对话之中突出了人物的矛盾性，把人物的性格展现得淋漓尽致。其叙事的简洁之美结合人物的辞令之美，成就了这叹为观止的艺术。

例如，在郑国即将灭亡的时刻，佚之狐对郑伯提出了一个行之有效的建议："国危矣，若使烛之武见秦师，师必退。"

全文对佚之狐的描写只有他说的这一句话，这一句话也就凝聚了他的形象及其性格。表明了他对烛之武的了解之深，对郑国面对的情势把握之准，举贤任能的心情之诚。一句话就让人物形象跃然纸上，突出了左传语言的简洁传神，高度的概括能力。

由于进说的人物与情境不同，进说者自己的语言艺术有别，因而两篇文章所呈现出的言语风格也很不相同。

孟子擅长以喻说理，这是他的个人语言风格。另外，孟子进说齐宣王时只是日常生活中的一次礼节性对话，话语情境相对宽松，有充分的时间留给孟子取譬喻理。而烛之武退秦师是在两军对峙、郑国面临灭顶之灾的时候，情境紧张，故而在这种情境中话语很简洁。另外，《左传》为《春秋》的注释本，多经后世文人修饰，文辞更为规范、典雅，这也是其语言简练的原因之一。

《齐桓晋文之事》孟子进说齐宣王主要是向宣王宣讲仁政，希望宣王能以民生为本；《烛之武退秦师》烛之武是以退秦师为目的，希望以此使郑国化危为安。

孟子怀着的是以天下苍生生活安宁的仁义之心去进说宣王，内心充满对天下子民的怜悯之心；烛之武持着保家卫国的情怀，不仅有智，而且很勇敢。

活动二：诵读课文，完成下列表格。

篇目	进说事由	主要说理方式	进说结果	人物精神
《齐桓晋文之事》				
《烛之武退秦师》				

以上活动分为四个方面，主要对两篇文章的进说方式进行了考查。首先考查了学生对故事情节的掌握程度，其次对论辩方式进行了辩证性思考，通过以上活动进一步提升学生文言文文句理解能力、事件概括能力、审美思辨能力。

篇目	进说事由	主要说理方式	进说结果	人物精神
《齐桓晋文之事》	齐宣王欲行齐桓晋文之事	取譬设喻 正反对比	请尝试之	保民
《烛之武退秦师》	秦晋围郑	以退为进 诱之以利	退兵	卫国

从学生填写结果看，对主要论证方法的提炼与概括能力还不太强。

活动三：诵读课文，分析人物形象。

篇目	代表人物	人物代表性语言、行为	人物形象	人物精神
《齐桓晋文之事》	齐宣王			
	孟 子			
《烛之武退秦师》	佚之狐			
	郑 伯			
	烛之武			
	秦穆公			

活动设计说明：美是人的本质力量的对象化，辩论的风格、语言、结果都与人有关，因而，对人物形象的分析与鉴赏的深度决定着我们对辩论方法、风格的深入探讨与掌握。

经过同学们对文本的品读与鉴赏，对上表完成情况如下。

篇目	代表人物	人物代表性语言、行为	人物形象	人物精神
《齐桓晋文之事》	齐宣王	若寡人者，可以保民乎哉？夫子之言，于我心有戚戚焉。王笑而不言。吾虽不敏，请尝试之。	犹疑，不自信，不坚决。	有称霸之志，但无行仁政以保民之心。
	孟 子	保民而王，莫之能御也！无伤也，是乃仁术也。故王之不王，不为也，非不能也。	态度明确，说理明晰，善于比喻。	仁爱，智慧
《烛之武退秦师》	佚之狐	国危矣……师必退	明智，善举	老谋深算
	郑 伯	公从之。是寡人之过也。然郑亡，子亦有不利焉。	从谏如流，善于认错，	为国而屈就
	烛之武	臣之壮也，犹不如人。越国以鄙远……	弃小愤就大义，智慧、勇敢，思维缜密，表述不卑不亢。	明了大义，勇于爱国。
	秦穆公	秦伯说，与郑人盟。不可。微夫人之力不及此……	高瞻远瞩，以国家利益为第一	明智，果敢

活动结果评价：同学们经过对文本的精心品读，认真完成了以上表格，对人物语言、行为分析到位，对人物内在精神把握较准确，学生品析概括古典文学作品中人物形象的能力有很大的提高。

活动四：审美鉴赏，思考两篇文章在当今时代的意义。

首先，弄清楚《齐桓晋文之事》《烛之武退秦师》所彰扬的民族文化精神是不相同的：一个是突出以民为本的民本思想；一个显扬的是国家危亡时，义无反顾的爱国情怀。但这两个方面又不是截然分开的，它们是中华传统文化精神中两个最重要的方面：家国一体，民为国本。因而，学习这两篇文章，对比中虽有不同，但相同的人生理想更值得我们学习。孟子之所以被后人称为亚圣，从《齐桓晋文之事》可知道，他不畏强权，力主"保民而王"，值得后人仰止。《烛之武退秦师》更写出了一个普通人，甚至是怀才不遇悲愤满怀的人，在国难当头时如何弃小愤而全忠义的保家卫国的情怀。这也是《左传》等中国古典名著传承千年而弦歌不绝的魅力。

总结：刘勰《文心雕龙》有云："凡说之枢要，必使时利而义贞。披肝胆以献主，飞文敏以济辞。烛之武层析利弊，秦军倒戈，晋军撤围，兵不血刃，存郑保民；孟子取譬设喻，因势利导，步步深入，去霸推仁。"

古人云：一言兴邦，一言丧邦。文人笔端，辩士舌端，之所以比武士锋端更为厉害，是因为他们心中装的是仁义道德、家国天下，眼中所望的是万里江山、民生疾苦。所以，通过这篇两篇课文的比较，我们不仅可以领略到语言的力量，同时还学会透过事物看本质，从主客观来评析事物，体味中国古代说辞艺术，发现文言文所蕴含的文化韵味，精神内涵。

后 记

新课标、新教材、新高考，随着时代的脉动，高中语文教学改革不断向前推进，单元任务群、大概念成了当今语文教育中最时尚的词汇，研读新课标、设计单元任务群教学成了老师们的"心头好"。可是，有很多老师虽听了无数场讲座，观摩了很多名师课堂教学，依然如坠五里雾中，了无会心，难有头绪，在"三新"教学背景下茫然失措，进退无据。那么，如何才能在众说纷纭中走出一条属于自己的语文教改之路呢？我认为，最重要的是在实践中不断总结经验，并升华为理论成果。实践、总结、提炼，可以让自己拨开层层迷雾，摆脱各种困扰，找到一条适合自己的成长、成熟之路。

在新课标、大单元、大概念等语文教育教学思潮层见叠出之时，我亦感到困惑、彷徨，甚至有几分随波逐流的心态，但无论如何，都没有失去语文教育人的责任与抱负，执意以新课标为指引，以新高考评价体系为准绳，以语文课堂教学为平台，以新教材课堂教学实践为抓手，探求传统语文教学向"三新"背景下语文教学转变的途径，并把日常教学的反思整理成文。回看这两年多的实践、总结、写作过程，给予自己的收获是十分丰厚的。

对新课标、大单元、任务群教学的研究，给予了自己明确的语文教学研究的目标与动力，不再只是以一个教书匠的心态面对新课标与新教材，只是做好每天的备教辅改工作，而是以一个改革者的崇高抱负去面对每天的语文教学工作，就像冯友兰先生说的，对语文的觉解有了显著的提高。正是这种觉解，让自己带着明确的研究任务与写作目标去对待语文教育工作，语文教学不再只是每日庸常生活中的一部分，而变成了一种自觉的、高尚的行为与理念，因而不仅自己的生活变得有了意义，而且语文课堂也增加了一份自然而然的美好与崇高。

因惯常的思维，起初对大单元、大概念有所抗拒，甚至不屑，认为它与以往的教学理念一样，不过是你方唱罢我登场的热闹。在深入研究新课标与任务群教学的过程中，我深切地感到，任务群大单元教学确实给我们提供了一种全新看问题的视角，它与以往的单篇教学、单元教学有很大的区别。单篇教学讲求的是精致，追求的是深入，而任务群是以任务为驱动，变教为学，能切实调动学生学习的主动性，培养他们的创新精神。过去的单元教学强调的是文体的相同性，是从形式上的组合，现在的大单元、大概念强化的是主题的统一，深入的是精神品质、文化思想的契合，两者在培养学生的道德品质与精神内涵上有质的差别。

再者，在进行任务群大单元教学实践、反思、总结的过程中，我真切地感受到任务群大单元教学让我更深入地理解了教与学的关系。过去，我们总是从教师教的角度来评价我们的语文教学，最终落下了"少、慢、差、费"的诟病，甚至说"误尽苍生皆语文"。但，我们若换一个视角，遵循新课标的要求，按照任务群教学的思路去实践语文教学，去审视单篇语文教学设计，我们会发现，学生学的主动性更强了，语文教师教授语文的格局更大了，视野也更宽阔了。如本册书中所论述的，我们若以大单元为基点来审视女性觉醒的历程，把"《氓》中的弃妇、刘兰芝、祥林嫂……"统一到女性的觉醒这一主题下来研讨，不仅我们会深深震撼于她们的命运，学生也更能理解女性解放的不易，更能珍惜今天的生活。

反思，整理，形成文字，确实是一件十分不容易的事情，但正是因为不易才有价值，研究者才能从中感受到生命的意义，才能提升自我在语文教育教学方面的修养，这是每一个想在语文教育上有所作为的老师的必由之路！

是以为记。

陶兴国

2024年8月4日